歴史文化ライブラリー
82

茶の湯の文化史

近世の茶人たち

谷端昭夫

吉川弘文館

目次

茶の湯の前史

はじめに

本書に与えられた課題は、江戸時代の茶の湯を通観することにある。多くの場合、それまでに刊行された江戸時代の茶の湯についての文献や研究書などを参照しながら通観する方法がとられる。ところが江戸時代の茶の湯を概観した書物はさほど多くない。その理由の一つには、千利休《せんのりきゅう》による新たな茶の湯――わび茶――がほぼ完成の域に達しており、利休以降の茶人たちはその枠内で活動したと考えられてきたため、あえて江戸時代の茶の湯など研究するに値しないとされてきたことにあった。

しかしながら、江戸時代の茶の湯は思いのほか多様だ。茶の湯を嗜《たしな》んだのは大名のみならず、商・町人、貴族にまで及んでいた。地域的にも沖縄から北海道にまで及んでいる。

時期の差のみならず地域性をもった茶の湯が行なわれていたのである。いきおい茶の湯の歴史を描き出そうとするときには、それぞれの時期における特徴的な人物とその事績を取り上げることになる。

この方法で、必ずしも茶の湯の全体像を描きだせるとは限らない。茶の湯を嗜んだ人物とその事績を繋ぎ合わせれば茶の湯の歴史ができあがるのか、という問題でもある。ただ、茶の湯は茶道具を媒介として人と人の交流を築き上げるという面もあり、その意味で人物史は茶道史としての側面を十分にもっている。本書では茶の湯を嗜み、その結果なんらかの地平を切り開いた人物を取り上げてみることにしたい。

江戸時代の茶の湯に入る前に、前史として団茶《だんちゃ》法の受容とこれに続く抹茶法の展開、わび茶の創造などを眺めておこう。

団茶の時代

飲料としての茶が、いつのころから日本で飲まれていたのかは明らかではない。はっきりとした記録にあらわれるのは平安時代になってからである。弘仁六年（八一五）、嵯峨《さが》天皇が近江唐崎《おうみからさき》に行幸する途中、梵釈寺で永忠なる僧が茶を献じたとみえる（『続日本紀』）。この折の茶とは、団茶とよばれる茶葉を団子状に固めたものだったといわれる。

団茶は、摘んだ茶の葉を団子状に突き固めて保存するが、飲むときには必要分を切り取って茶臼《ちゃうす》で粉末状にして釜《かま》に入れ、煮出された出し汁をすくって飲む、という方法であった。「茶煙軽くあがる落花の風」の語は、保存されていた団茶を切り取る前に火で炙《あぶ》って柔らかくしてから切り取るので、その時に出る煙だったとされている。

最近の研究によれば、団茶は宮廷の仏教儀礼である「季御読経《きのみどきよう》」に多く使われていたことが知られるようになった（中村修也「栄西以前の茶」）。団茶と儀礼が結びついたかたちだったことは、後の抹茶法にも影響を与えたといえよう。

抹茶法の受容

鎌倉時代に入ると抹茶法がはじまった様子を知ることができる。抹茶を飲むという行為が後に文化としての茶の湯を成立させるきっかけとなるわけだから、いつごろから抹茶が飲まれはじめたかを知ることは、その文化のはじまりを知ることにもつながる。これまで日本における抹茶法のはじまりを栄西《えいさい》《ようさい》の請来《しようらい》に代表させてきた。時期的には十三世紀のはじめのことになる。

ところが、都市整備事業の一環として発掘調査が行なわれていた博多の市街地からは、大量の天目《てんもく》が出土している。およそ十二世紀前半のものだという。日本では天目が抹茶を飲む器として使われることが多かったから、これらの天目も抹茶を飲むために使われていたと推測されている。この天目が中国から大量に輸入され日常的に使われていたことが知られるようになってきたのだ。時期については異論もあるようだが、事実だとすれば、これまでよりも抹茶飲用の歴史が一〇〇年ほど早くなる。

ただ出土した天目が、博多に定住して貿易に従事していた「宋商」、すなわち中国宋時代の居留民たちの日用品だったようなので、必ずしも一般士庶にまで広まったわけではなかったようだ。限られた範囲の人々によって抹茶が飲まれていたとすれば、茶道史の理解と齟齬《そご》をきたすわけではないが、これまでより早く日本各地で抹茶法が取り入れられ、徐々に広まっていったことは考えておいたほうがよさそうだ。

唐物の輸入

この時期の抹茶は、薬用、儀式用、嗜好品などさまざまな飲み方がされていたようだ。とくに発展するのは嗜好品としての抹茶の飲み方だった。できるだけ良質の抹茶を入手し、中国から請来された茶器（唐物《からもの》）を使ってのものだった。鎌倉時代の末には大量の中国産茶道具が輸入されていた様子をうかがわせる発見があった。「新安沈船」である。

一九七六年、韓国新安道徳島沖の海底から一隻の沈没船が引き揚げられた。船は、中国で大量の中国陶磁器を積み込み、日本に向かう途中に沈没したものと推測されている。調

図1　沈没船の位置

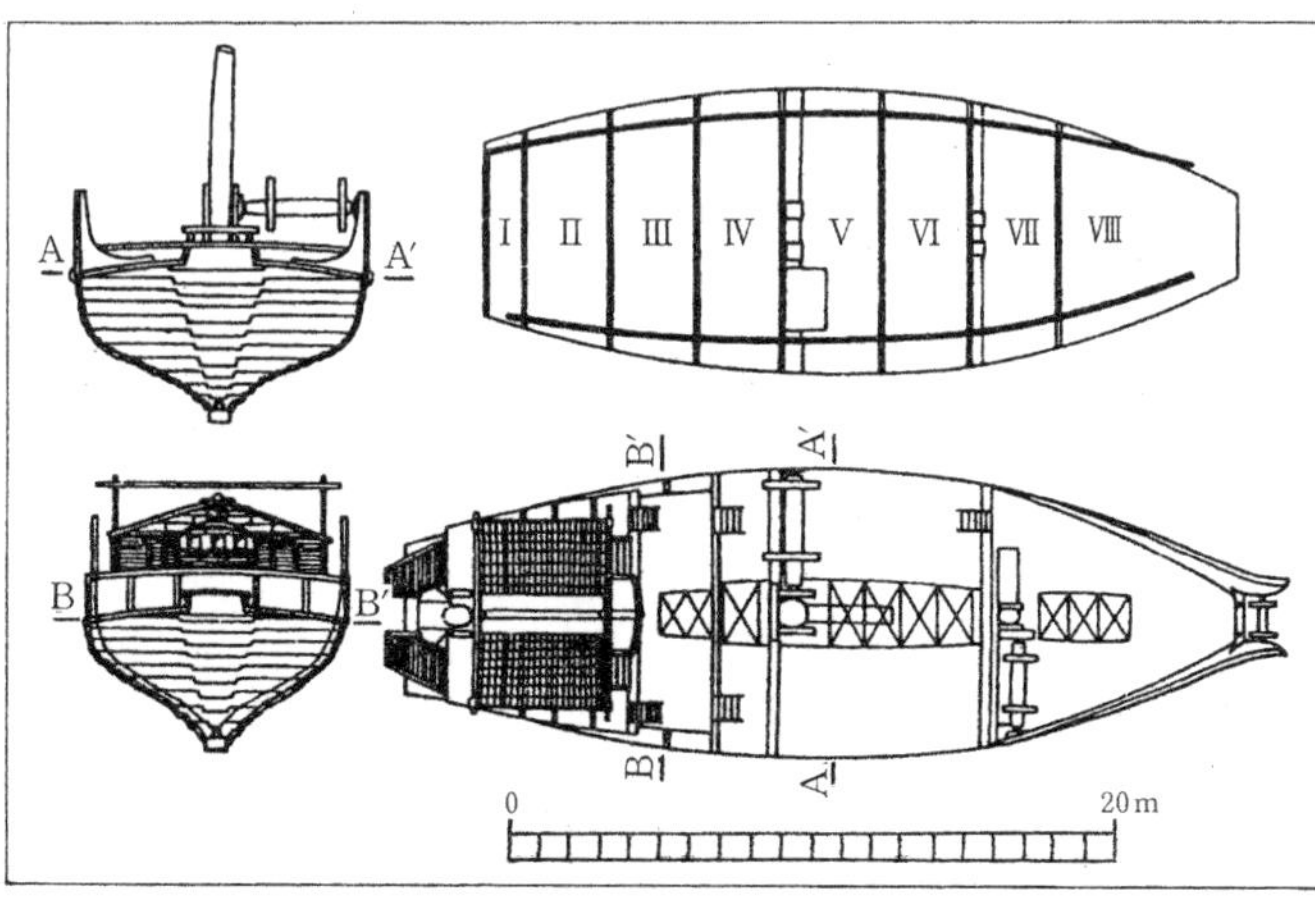

図2　新安沈船の船倉番号と想定復元図
（岡内三真「新安沈船出土の木簡」『東アジアの考古と歴史』上巻〔同朋舎，1987年〕より）

査の結果、船の中から宋・元代の中国陶磁器およそ二万点が発見された。その内訳は景徳《けいとく》鎮《ちん》の青磁《せいじ》が一万二三五九点、同白磁《はくじ》が約五三〇〇点、黒釉《こくゆう》五〇六点、雑釉《ざつゆう》二三〇五点、その他西暦一三二三年を示す元の年号「至治三年六月一日」や「東福寺」などと記した木簡なども同時に見出されている（東京国立博物館『新安海底引揚げ文物』展図録、一九八三年）。鎌倉時代の終わりに東福寺などの寺社が陶磁器を輸入し、国内で売却した資金で伽藍《がらん》などを再建・整備しようとしていたのだろう（岡内三眞「新安沈船出土の木簡」）。

引き揚げられた遺物のなかには、宋代竜泉窯《りゅうせんよう》の青磁鯱耳《しゃちみみ》花入、青磁袴腰《はかまごし》香炉、元代の黒釉擂座《るいざ》茶入・茶壺、建窯《けんよう》の禾目《のぎめ》天目《てんもく》など建窯系黒釉碗《わん》（建盞《けんさん》）五〇個も含まれており、大量の茶道具が日本に輸入されようとしていたことが知られる。なかには中国ではすでに焼かれていない陶磁器も含まれており、日本の要望に応えて古い時代の陶磁器が探し出されて積み込まれたようだ。一隻だけでこの数だから、当時の日本には想像以上の中国陶磁器がもたらされていたと考えられる。

輸入された大量の貿易陶磁は日本各地に売りさばかれ、唐物の茶道具を使った飲茶《いんちゃ》の方式も広まっただろうことが推測できる。飲茶が唐物の賞玩《しょうがん》をともなった形式として定形化し広まっていったと考えられる。

わび茶のはじまり

多くの唐物茶道具が輸入され、それを賞玩する飲茶の形式は、室町時代にいたって上級部将の邸宅などに造られた「会所《かいしょ》」の飾りとして定着する。一方では、闘茶とよばれ茶の異同を知る一種のゲームや、路傍での飲茶（一服一銭）、禅院での茶礼などが平行して行なわれていた。

「会所」という私的な接客空間では唐絵《からえ》や茶道具などが飾り付けられ、寄り合いの芸能の一環として飲茶が発達していくのである。しかしながら室町時代も半ばを過ぎると内省的な風潮も生まれている。長年の戦乱による世の中の乱れは下剋上《げこくじょう》の風潮を生み出し、一方では水墨画の隆盛、枯山水《かれさんすい》庭園の出現、能や連歌における「冷え枯れ」た精神を展開させた。

それまでの唐物茶道具の賞玩を中心とした形式から離れて、精神性を重視しようとする「わび茶」もその萌芽期を迎えている。村田珠光《むらたしゅこう》（一四二三〜一五〇二）は唐物茶道具に代わって、「冷え枯れ」た精神をもつことによって信楽《しがらき》焼や備前焼などのもつ粗相な美を見出すことを説き、新たな茶の湯への道を切り開いていったのである。

珠光による新たな茶の湯は武野紹鷗《たけのじょうおう》らに引き継がれる。とくに紹鷗は三十歳まで連歌師をめざしたといわれることからも知られるように、茶の湯の和様化を推進している（戸田勝久『武野紹鷗研究』)。

さらに、そのあとを襲った千利休らによって新たな展開がはかられることになる。本書では織田信長や豊臣秀吉、そして千利休を経て展開する江戸時代の茶の湯のありさまを通観してみたい。

織田信長から千利休へ

織田信長

織田信長とお茶の湯ご政道

新たに出現した戦国大名の筆頭として活動し、同時にそれまでの茶の湯に対する考え方を一変させたのは織田信長であった。信長によって茶の湯が政治の世界と結びつけられたのである。そもそも茶の湯は政治と格別大きな関係をもつものではなかった。間接的に商行為と結びつくことはあったとはいえ、あくまで個人的な趣味の範囲で考えられていた茶の湯が、信長という人物の出現によって、さらに信長が天下人《てんかびと》という政治的にも重要な人物であったがゆえに、茶の湯も趣味の範囲を大きく超えたと考えてもよい。

信長の茶の湯政策ともいうべきものに「御茶湯御政道《おちゃのゆごせいどう》」とこれを支えた「名物召上《めいぶつめしあげ》」が

図3　紹鷗茄子（湯木美術館蔵）

ある。この二つは必ずしも政令のようなかたちで公布されたものではない。史料的にもあまり確実なものでもない。後に豊臣秀吉が信長を回想した手紙のなかに見られるのが「御茶湯御政道」という言葉であった。秀吉の手紙には、「お茶の湯道具以下まで取り揃え下され、お茶の湯ご政道といえども我らは免んじ置かれ、茶の湯仕《つかまつ》るべく仰せ出だされ候こと、今生後生忘れがたく存じ候」（天正十年十月十八日付岡本次郎右衛門・斎藤玄蕃宛書状）とある。天正九年（一五八一）の末、秀吉が因幡《いなば》鳥取城を落とした褒賞《ほうしょう》として信長から「御茶の湯道具十二種の御名物」を拝領した（『信長公記《しんちょうこうき》』）折の回想である。

名物召上

永禄十一年（一五六八）十月、上洛直後の信長は堺の新興商人の一人、今井宗久《そうきゅう》から「松島」の茶壺と「紹鷗茄子《じょうおうなす》」の茶入を贈られている。これがきっかけとなったのかどうかわからないが、積極的な名物茶道具の収集をはじめる。その方法ははなはだ強権的なものだった。いわば名物茶道具を狙い撃ちにしたのである。『信長公記』はその理由を「金銀・米銭不足これなき間、此上は唐物、天下の名物召置かるべきの由、御掟候て」と記していた。その結果、永禄十二年には京都の豪商大文字屋宗観が所持する「初花肩衝《はつはなかたつき》」、池上如慶《いけがみじよけい》の「蕪無花入《かぶらなしはないれ》」「富士茄子《ふじなす》」などを入手したとする。もちろん茶器の所有者たちが喜んで手放したとは思えない。すでに万金に値する評価を得たものばかりであったし、一種のステータス・シンボルでもあったからだ。

これを機に元亀元年（一五七〇）、堺でも同様に名物狩りを行ない、天王寺屋宗及《そうぎゅう》の「菓子の絵」や松永久秀《ひさひで》の「鐘の絵」などを入手している。信長の行動を見た人物たちは、和睦・服属の証として茶道具を献上することを思いついたようだ。これまでのように服属に際して一族もろともに処刑されることから免れられるかもしれなかったからだ。松永久秀のように信長に反旗を翻しながら茶器を献上することで助命されたのをみても、一定の効果はあったのだろう。一時期にせよ、信長が所持していたとされる茶道具は二〇〇点に及ばんとするが、その多くが献上品であったことをみても明らかであろう。では、集めた茶道具を信長はどうしたのであろうか。

信長の茶会

茶道具は、茶会で使用されることに意味の一つがある。この例に漏れず、信長も茶会を催している。信長の茶会はいくらかが知られているが、その一つ、天正元年（一五七三）十一月二十三日、京都妙覚寺での会（『天王寺屋会記』）を取り上げてみよう。客は堺の塩屋宗悦・松江隆仙・天王寺屋宗及の三人。床には牧谿《もっけい》筆「瀟《しょう》湘《しょう》八景」のうち「月絵（洞庭秋月）」、台子《だいす》に半鶴首の釜を釣り、白天目《はくてんもく》で茶が点《た》てられた。茶が終わって信長は同じく牧谿の「帆帰ノ絵（遠浦帰帆《えんぽきはん》）」を持ち出し、こともあろうに「月絵」の上からかぶせるように掛けて見せている。

「月絵」と「帆帰ノ絵」は中国宋代の画僧牧谿法常筆の水墨画で、日本ではすこぶる人気が高いものである。京都大徳寺蔵の「観音」「猿」「鶴」図は牧谿画の基準作ともされ、国宝にも指定されているが真筆はきわめて少ない。「瀟湘八景図」は一巻の巻物として中国から輸入され、足利将軍家に代々伝わった重宝である。このころまでには八幅に切断され、掛け軸に仕立てられて諸方に所蔵されていたようだ。宗及が「越前より上り候」と記していたように、信長が越前朝倉氏を滅亡させたときに入手したものである。

「白天目」は「大坂より進上の刻也」とあり、わずか五日前の十一月十八日に本願寺から和睦の証として贈られたものであった。料理は信長自身や近習の矢部康信と堀秀政らが給仕にあたった。堺を代表する商人たちを招いた会だったとはいえ破格の待遇だといわざるをえない。待遇もさることながら、室町将軍家に代々伝来した「月絵」の上から「帆帰

表1　信長の茶道具下賜と主な家臣

西暦	和暦	家臣名	功績	拝領品	出典
一五七五	天正三年頃	柴田勝家		古天明釜	川角太閤記
一五七六	四年二月	丹羽長秀	安土城普請	珠光茶碗	信長公記
	四年七月	丹羽長秀	安土城普請	玉澗筆「山市晴嵐」	信長公記
	四年七月	豊臣秀吉	安土城普請	牧谿筆「月絵」	信長公記
一五七七	五年十二月	豊臣秀吉	但馬・播磨攻略	乙御前釜	信長公記
一五七八	六年正月	市橋九郎右衛門		芙蓉の絵	信長公記
	六年正月	明智光秀		八角釜	宗及他会記
	六年頃	佐久間正勝		雀の絵	宗及他会記
一五八〇	八年頃	野間佐吉		燕の絵	宗及他会記
				高麗茶碗	
一五八一	九年十二月	豊臣秀吉	鳥取城攻略	竹林の雀の絵	信長公記
				砧の花入	
				朝倉の肩衝茶入	
				大覚寺の天目	
				尼崎の台	
				朱徳作茶杓	
				鉄羽の火箸	
				高麗茶碗	
一五八二	十年頃	明智光秀		平　釜	宗及他会記
	十年頃	村井貞勝		豊後天目	宗及他会記

ノ絵」を重ねて掛けてみせるとは普通には考えられない行為である。あえてこれを行なったのは、戦利品を誇示し自らの力を見せつけるほうを優先した結果にほかならないだろう。信長にとって茶道具とはそのように使われてこそ価値があったのだ。

御茶湯御政道

「御茶湯御政道」が具体的にどのようなものであったのかを端的に示す史料は知られていない。一般には信長家臣のうち、特別に許可された者だけが公に茶会を開き、客となることができる、という程度の意味で使われる。たとえば信長政権の下で活躍した豊臣秀吉を例にとっても、茶会の初見は天正六年（一五七八）、四十二歳になってからのことだ。すでに武将として押しも押されぬ存在であったにもかかわらず茶会がこの時期まで遅れているのは、それまで信長の命に従って戦場を駆けめぐっていたからばかりではなかったろう。

天正元年（一五七三）ころと推定される千宗易《せんのそうえき》（利休）との連署状もみられるから、信長の茶堂とも無縁であったとは思えない。茶の湯にも一方ならぬ興味をもっていたはずだ。おそらく「御茶湯御政道」との関係もあって、公に茶の湯を嗜むのは憚《はばか》られたのではあるまいか。とくに天文年間ごろから茶の湯は盛んになっており、堺の商人たちを相手にする場合には欠かせなかっただろう。信長は自らの武将たちにこれを許可制にすることによって政治性をもたせようとしたのだ。このような時期であったから、信長から茶の湯を許されることは大きな名誉だったとはいえ、それにしても「今生後生難《わすれがたく》忘存候」と落涙したのは、いかな秀吉でもオーバーすぎないだろうか。村井康彦氏は「堺方の仕取を慰め懸け申すべし」とあるのに注目して、堺衆を自らの茶堂《さどう》として使うことを許可したのではないか、と推測しておられる。そうであるならば秀吉の茶会に津田宗及が参加しているのもうなずける。

ただ一足飛びにその段階までいたるのではなく、いくらかの段階を考えてもよさそうだ。まず戦功などによって茶道具を下賜される段階。勝利を収めた褒賞の一部であったり（柴田勝家《かついえ》の「古天命釜《こてんみょうがま》」など）、安土築城の功（丹羽長秀《にわながひで》の玉澗筆「山市晴嵐《さんしせいらん》」など）等が考えられる。さらに茶会を許可される段階。これは第一段階と同時でもよい。史料的にみても、信長から茶道具を下賜された家臣のすべてが茶会を催していたとは限らないからだ。なお進めば、信長の茶堂《さどう》を客として、またある時は自らの茶堂として茶会を開くことができる、といった段階である。このほうが自然ななりゆきだったとはいえないだろうか。

豊臣秀吉

秀吉と茶の湯

さきにもふれたように、秀吉の茶会がはじめて記録されるのは天正六年（一五七八）にいたってである。それ以前の様子は明らかではない。ただ天正四年に安土築城の功を賞された丹羽《にわ》長秀《ながひで》と同時に牧谿《もっけい》の「大軸の絵」を下賜されている。この「大軸の絵」とは、「瀟湘《しょうしょう》八景」のうち、「洞庭秋月」を描いた図である。越前朝倉氏滅亡後、信長に献上され天正元年の京都妙覚寺茶会に出された、あの掛物であった。さらに翌五年十二月には但馬《たじま》・播磨《はりま》攻略の功によって「乙御前釜《おとごぜのかま》」を拝領している。

これら信長からの拝領茶道具を使って、はじめて茶会を行なったのは天正六年十月十五日である。攻略中であった別所長治の播州三木城を囲む付城であった。この茶会には堺の

表2　大阪城道具揃え

(1)　御道具そろへ

掛　物	玉澗暮鐘絵	豊臣秀吉
	牧谿船子絵	津田宗及
	牧谿布袋絵	万代屋宗安
	牧谿帆帰絵	荒木道薫
	牧谿夜雨絵	松井友閑
	牧谿月ノ絵	豊臣秀吉
	虚堂智愚墨蹟	〃
	東陽徳輝墨蹟	千利休
	定家ノ色紙	荒木道薫
大　壺	四十石	豊臣秀吉
	松　花	〃
	捨　子	〃
	公　方	〃
	荒　身	〃
	兵　庫	荒木道薫
	橋　立	千利休
	沢　姫	河辺右衛門
	九　重	万代屋宗安
	無　銘	津田宗及
	寅　申	荒木道薫
	小天狗	松井友閑
香　炉	不　破	津田宗及
	珠　光	千利休
香　合	竪布袋	津田宗及
花　入	青磁筒	万代屋宗安
	胡桃口	松井有閑
	桃　尻	荒木道薫
	蕪　無	豊臣秀吉
	細　口	千利休
	蕪　無	津田宗及
茶　入	文　琳	津田宗及
	初花肩衝	豊臣秀吉
	抛頭巾肩衝	万代屋宗安
	小紫肩衝	千利休
	宮王肩衝	松井友閑
	松本茄子	黒田長政

(2)　御茶湯

棚	洞　庫	豊臣秀吉
釜	青　紐	〃
水　指	飯　桶	〃
柄杓立	土	〃
茶　入	打曇大海	〃
茶　碗	尼子天目	〃
	井　戸	〃
水　翻	亀蓋南蛮物	〃

豪商で信長の茶堂《さどう》をつとめていた天王寺屋宗及《そうぎゅう》が出席していた。道具は信長から拝領した月絵・乙御前釜・四十石《こく》茶壺などで、濃茶《こいちゃ》は天目、薄茶《うすちゃ》は「紹鷗之平《じょうおうひら》コウライ茶碗」、仕立すなわち料理は本膳で白鳥の汁が出されたとあるから、かなり格式ばった茶会であったようだ（『天王寺屋会記』）。月絵は天正四年に、乙御前釜は天正五年に信長から拝領したものであったから、拝領物披露の会であったかもしれない。

天下統一

本能寺の変を契機とした山崎の合戦に勝利を収めた秀吉は、天下人《てんかびと》への道を一直線に突き進む。茶の湯も秀吉の勢力拡大にともなって日本各地に広まっていった。信長の時期に比べて、地域的な拡大と層の広がりを見せるといってもよいであろう。

このような秀吉が天下人にふさわしい城郭を大坂に築いたのは、天正十一年（一五八三）のことであった。その規模と荘厳さは信長の安土城をはるかに凌《しの》ぐものであったといわれる。築城なった大坂城で秀吉は、その後の茶会におけるモデルともなる茶の湯のイベントを開催している。「御道具そろへ」である。

道具揃え

秀吉と松井友閑《ゆうかん》・荒木村重《むらしげ》・千宗易《せんのそうえき》・万代屋《もずや》宗安・津田宗及《そうぎゅう》らが所持の名物茶道具を持参のうえ、出席している。出品された名物茶道具およそ四

○点のうち一六点を秀吉が出品していた。宗易はこの折、「珠光香炉」「小紫《こむらさき》肩衝《かたつき》」「細口花入」「東陽徳輝」墨跡などを持ち込んでいる。多くが各自の持ち寄りだったのだが、秀吉はかつての信長のように召し上げるようなことはしていない。

同十一年十一月十四日にも同様に、施薬院全宗の屋敷で茶道具の展覧会を催している（『天王寺屋会記』）。「京中之御道具共取寄候、不残来候《のこらず》」とあるから、かなりの茶道具が集まったようだが全体像はわからない。曲直瀬《まなせ》道三《どうさん》や荒木道薫（村重）の「桃尻《ももじり》」花入、大文字屋の「虚堂智愚《きどうちぐう》墨跡」、烏丸光広《からすまるみつひろ》の「無準師範墨跡」などが出品された。

『天王寺屋会記』
――茶会記とは何か

話は前後するが、これまでいくどか引用してきた『天王寺屋会記』についてふれておこう。天王寺屋は堺の商人。津田宗柏（一四四四～一五二七）の時代から茶の湯を嗜《たしな》み、その子宗達を経て宗及代には堺屈指の豪商となり、信長・秀吉に茶堂として仕えている。その子の宗凡《そうぼん》も秀吉に仕えるが後嗣はなく、茶道具や歴代の茶会記（天文十七～元和《げんな》二年）等は大徳寺に入った弟の江月宗玩《こうげつそうがん》に引き継がれている。天王寺屋四代にわたる茶会記が『天王寺屋会記』であるが、自筆本が伝わるとともに、茶会の進行のみならず歴史的なできごとをも記録している場合があり、歴史資料としても貴重である。

そもそも「茶会記」とは「茶会の記録」ほどの名称だが、茶会の開催日時、主催者（亭主）、客、開催地、その日の道具、茶会の展開などを記したものである。記録者によって書き方が異なるが、茶の湯資料としては重要だ。残念ながらこの時代の茶会記はさほど多く伝わらず、他には奈良の塗師《ぬし》松屋久政・久好・久重の三代、天文二年（一五三三）から慶安二年（一六四九）の約一〇〇年間にわたる茶会記『松屋会記』、博多の豪商で豊臣秀吉に重用された神谷宗湛《かみやそうたん》による『宗湛日記』（天正十四～慶長十八年）などが伝わるのみである。他に「今井宗久茶湯日記書抜」などもあるが、史料的な問題もあるようなので、ここでは使用しない。これら茶会記の世話になりながら茶の湯の展開を語っていこうと思う。

図4　天王寺屋系図

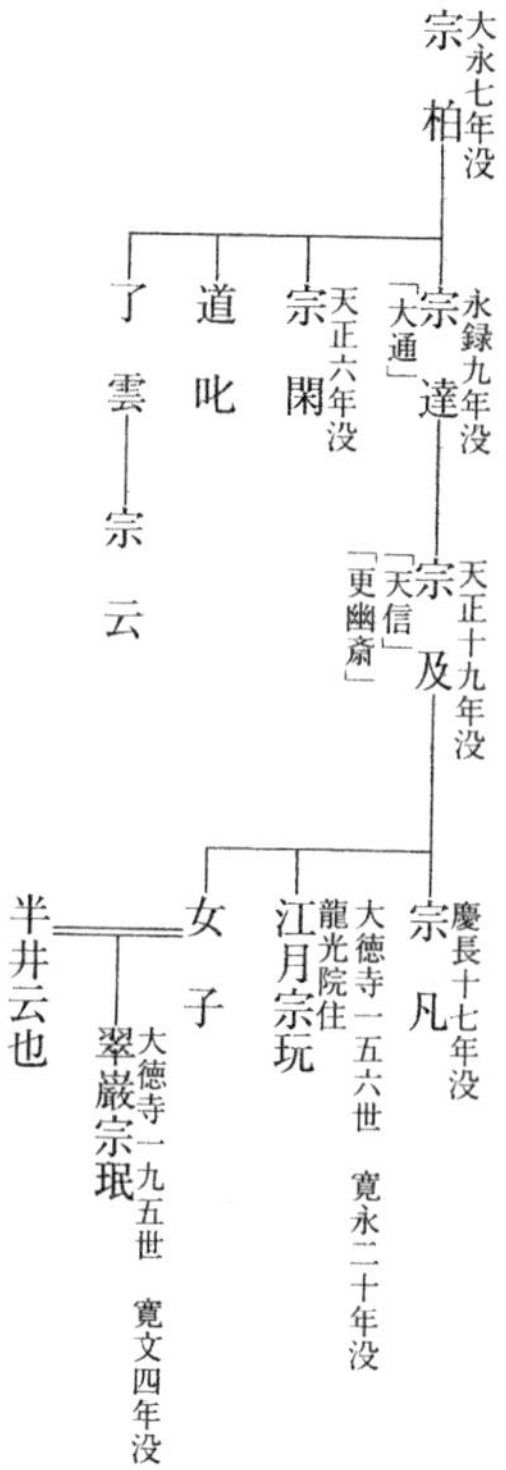

大徳寺大茶の湯

続いて天正十三年（一五八五）三月五日、京都大徳寺で大茶の湯を行なっている。「於大徳寺、大茶湯被成御興行」（『天王寺屋会記』）とあり、それまでの茶会の形式とは少し違って、多くの人物を集めた茶会を行なおうとした様子が感じられる。現今の「大寄せ茶会」のはじまりであろうか。参客は秀吉の家臣に合わせて京都・大坂・堺の茶人たちおよそ一五〇人ばかり。堺からは二十四、五人、京都からは五〇人ばかりが茶道具を持参して集まったようだ。堺には千宗易・津田宗及が手紙を送って参加者に知らせているから、京都でも同様の方法がとられたのであろう。

秀吉は信長の菩提寺《ぼだいじ》として自らが創建した大徳寺の塔頭《たっちゅう》総見院の方丈に席を構えた。床には「虚堂智愚」の墨跡を中尊に玉澗の「青楓」と「煙寺晩鐘」の絵が掛けられ、台子《だいす》の飾りは紹鷗が所持した小霰釜《あられがま》、引拙《いんせつ》伝来の水指、柄杓立《ひしゃくたて》、内赤盆に乗せた茄子《なす》の茶入、白天目などが飾られていた。いずれも秀吉が集めた名物茶道具ばかりである。「御茶屋俄《にわかに》立チ候て御茶湯在」とあるので方丈以外に茶屋が建てられ、そこでも茶が振舞われたようだ。さらに秀吉の茶道具を使って宗易・宗及も茶席を担当している。

「紫野中ノたつちう（塔頭）、方々似相〱借り、屛風已下ニ而かこひ、其内にて茶湯面々ニ仕候」ともみられるから、秀吉の茶席以外にも茶席が持たれたようだ。席入りの一番は「紫野和尚達」、次に「武衛ナドノヨウナル可然《しかるべき》牢人衆」、三番目は堺の茶人たちで、四番目以降は自由に参会したという。

この会は秀吉の茶道具を観覧させるのが目的であったようだ。「秀吉卿茶湯道具被出之飾座敷、各々披見之云々」（『兼《かね》見卿記《みきょうき》』）とあることからも明らかである。秀吉が出品した名物は約三〇種。一躍、名物茶道具所持者のトップにランクされたといってもよいであろう。多くの人たちを集め、多くの茶道具を展観させる形式がはじめられたといえる。

禁中茶会

この年の十月七日、秀吉は正親町《おおぎまち》天皇の御所で茶会を開いている。秀吉は本能寺の変以降、信長の跡目争いを勝ち抜くなかで官位の昇進を図ってきた。三月にはすでに内大臣となっていたが、近衛・二条家の関白をめぐる争いを仲裁するかたちで七月には関白に就任している。この返礼という名目で禁中茶会が行なわれた。閏《うるう》八月二十七日には秀吉の意を受けた前田玄以《げんい》と千宗易が小御所《こごしょ》の下見に出かけている。秀吉所持の茶の湯道具を天皇の上覧に供するための茶会開催だとされる（『兼見卿記』）。ついで十月四日には秀吉が参内《さんだい》、茶会の道具はすべて新調すること、次の間には名物道具を飾ること、この茶会は前年の冬から計画していたことなどを話している。前日には秀吉と利休が参内、翌日の次第を申し聞かせていた。

当日、秀吉は午前十時ごろ参内。小御所・菊見の間に天皇、誠仁《さねひと》親王、和仁《かずひと》親王、相伴《しょうばん》の伏見宮邦房《くにふさ》親王、近衛前久《さきひさ》を加えて茶を点じている。この日、新たに利休居士の号を勅許された千宗易は、端の座敷で公卿・門跡《もんぜき》らに台子の茶をすすめている。七人ずつ籤《くじ》を引いて順次席に入ったのだが、摂家・清華《せいが》家以下多くの殿上人《てんじょうびと》が参席した。そのため夕刻までかかったという。

天皇が公式に茶の湯の席に入ったのは、おそらくこれがはじめてだっただろう。本願寺の寺侍《てらざむらい》であった宇野主水《もんど》は、その日の日記に「秀吉公申沙汰ニテ禁中ニ御茶湯アリ、雖無其例《そのれいなしといえども》、当時秀吉公此道御執心《ごしゅうしん》之故也」と書き付けていた。前例を重視する公家の世界で、秀吉の強い意志によって実現したのが「禁中茶会」というデモンストレーションであったのだ。

秀吉による禁中での点茶は、この日のみにとどまらず翌年の正月にも行なわれている。堺の名もない金細工師に作らせたという折畳式の「黄金の茶室」を小御所に持ち込んでの会だ。茶室は三畳の広さで、壁はすべて黄金で包まれ、畳は猩々緋《しょうじょうひ》で黒地金襴《きんらん》の縁《ふち》、茶道具もすべて金でできていた。「古今之初、於三国先代未聞也、見事サ難尽筆舌《ひつぜつにつくしがたし》、驚目〳〵」（『兼見卿記』）と記しているので、これを見た公卿たちは度肝を抜かれたらしい。

さきの茶会と同様に天皇らは茶室に入り、料理の後にお茶が供された。その後、御所の御局衆《おつぼねしゅう》、摂家以下の殿上人が見学する。秀吉は上機嫌で茶道具などについて説明して聞かせている。

数度にわたって天皇の御所で茶会が行なわれた意味はきわめて大きい。それまで主として堺や京都・大坂の商人、信長や秀吉配下の武将たちの間で盛んであった茶の湯が天下人の強い希望だったとはいえ、その枠を超えて公家の世界に受け入れられるきっかけとなったからである。茶の湯が商人や武家の世界から一歩を踏み出したといえよう。

北野大茶の湯

天正十五年（一五八七）十月一日、秀吉は、また新たなイベントを開催している。北野大茶の湯である。かつての大徳寺での茶会を大きく上回る規模での茶会が、京都北野社で行なわれたのである。

七月には京都・奈良・堺の辻々に立てられた高札でも参加が呼びかけられたようだ。九月に入って利休も堺に手紙を送り、京都の関係者には利休の息《そく》で同じく秀吉の茶堂であった紹安《じょうあん》（道安）が連絡しているので、利休が実施にあたって大きな役割を果たしていたことが推測される。

さて、高札には、

一、北野社の森で茶会を行なう。これは執心のものに名物茶道具を拝見させようとの思し召しである。
一、茶湯に執心の者は誰でも参加すべし。
一、茶室は二畳、但《ただ》し莚《むしろ》でもよい。
一、日本ばかりではなく唐国からも参加してもよい。
一、この茶会に参加しないものは二度と茶をしてはならない。
一、特にわび者には誰にでも秀吉の点前でお茶を下される。

などと書かれていた。

この高札通り茶会は行なわれたようだ。京都吉田神社の神官で、このとき正四位下の左《さ》衛門督《えもんのかみ》に任じられていた吉田兼見《かねみ》の目を通して北野大茶の湯をみてみよう。兼見はおよそ一月前の九月三日に、京都奉行の前田玄以から出席の要請を受けている。それからしばらくは出席するべきか否かを周囲に相談する毎日であった。何事も横並びを重視する公家のようすを目の当たりにするような行動だ。参加を躊躇した最大の原因は、その費用であった。当日の費用はすべて自弁だったからである。朝廷内の実力者、大納言勧修寺《かじゅうじ》晴豊の強い勧めもあったが、最終的には日ごろ茶の湯の指南とも思っていた建仁寺の東陽坊長盛の言に従って参加を決めたようだ。八月十二日のことだった。

参加を決めた兼見の行動は素早い。すぐに長盛と連れ立って三条の釜師のところに出かけ、長盛のすすめで「宗易形」の釜を二〇〇疋で注文している。九月十九日には大工の吉左衛門・平次郎らを呼び、茶室建築用の材木を京都で調達するように申し付ける。二十五日には北野社の馬場付近で、それぞれ茶室を建てる場所の割り当てがあり、二十八日には材木と大工をともなって北野に出かけている。ほかの公家衆も同様だったらしく、この日には「一間の明き所なく、八百余これを造る」とあり、参加者の茶室建築ラッシュで大混雑だった。二十九日には、ほぼ茶室ができあがり、三十日には大茶の湯で使う茶道具を運び込んだ。秀吉も心配だったのか、下見に訪れている。

さて当日、秀吉は北野社の拝殿中央に黄金の茶室を運び込み、台子《だいす》を据えて虚堂智愚《きどうちぐ》の墨跡を飾る。その左右に造られた二つの平三畳茶室にも台子と数々の名物茶道具が飾りつけられていた。参客は、ここで秀吉自慢の茶道具を見物した後、秀吉・千利休・今井宗久・津田宗及が受け持つどれかの茶室に入る。ここで一服を喫した後、神社前の松原に造られた茶席を巡廻するといった趣向である。

参客は、まず竹矢来で囲われた拝殿の入口で籤《くじ》をとる。一は秀吉、二は利休、三は宗及、四は宗久の茶席である。拝殿の前で秀吉の飾りを拝見した後、籤にしたがってそれぞれの茶室に入った。兼見は四の籤を引き、今井宗久の席でお茶を飲んでいる、草履《ぞうり》は懐に入れ、退出の時に履いた、とある。秀吉は申刻《さるのこく》（午後四時ごろ）に松原の各茶室を見学してまわった。他の公家衆と同様に、兼見は息子の兼治とともに茶室の前に蹲踞《そんきょ》して関白を迎えたが、席には入らなかったようだ。

無事、茶会を終えた兼見は、茶道具を箱詰めし、見張り番を残して夜に入って自宅に戻っている。茶会が終了した時の兼見の感想は、「ここ数日の造作や気使いはたいへんだったが、やっと終わって安心した。それにしてもずいぶん費用がかかったものだ」というものだった。おそらく他の公家たちも同じだっただろう。

秀吉の茶

秀吉の茶の湯を、いくらかの茶会に代表させてみてきたのだが、秀吉にとって茶の湯とは何だったのかを整理しておくことにしよう。秀吉が茶の湯の活動を本格的にはじめたのは天正六年（一五七八）ごろであった。信長から功績を認められたゆえのことであったから、その茶は長年仕えた信長の茶に影響されていたであろうことは想像に難くない。当初、基準としたのはやはり信長の茶だっただろう。名物茶道具を並べ、誇示するといった基本的な考え方は、秀吉晩年までそう変化がなかったようだ。

ただ、天下人への道を歩みはじめてからは、より明確な茶の湯の位置づけをしていたように思われる。茶の湯を自らの時代を代表させる文化としようとしたのではなかろうか。そのために行なわれたのが大徳寺での大茶の湯であった。さらにこれを徹底させることも重要な課題であった。当面なさねばならなかったのは公家社会への普及だったであろう。秀吉はほとんど有名無実がごときであった官制にのっとって関白に就任し、その権威をもって天下を掌握しようとしていただけに、公家たちの文化を凌駕する新たな文化の創造者であることを知らしめることも必要だった。そのために実現しなければならなかったのが禁中茶会であったろう。

茶会の開催にあたって、かなりの抵抗があったらしいことは、さきの宇野主水の感想からも推測される。秀吉が茶の湯に一方ならぬ興味を抱いていたことも禁中茶会実現の重要な要素だっただろうが、主には天皇を頂点とする公家社会での認知を得るのが目的だったと考える。

京都や堺の茶人たちに育まれた茶の湯は、信長を経て秀吉の時代にいたって、町・武の文化から、当代を代表する文化として成長を遂げはじめたといえる。大徳寺大茶の湯から禁中茶会、そして大規模な北野大茶の湯はその道程だったともいえよう。

茶堂の時代

織田信長や豊臣秀吉の時代は茶の湯が政治的な意味をもっただけに、ある意味では脚光を浴びていた時代だともいうことができる。彼らを茶の湯の面で支えた茶堂《さどう》の活動もめざましい。『山上宗二記』は、秀吉に仕えた茶湯者として「田中宗易《そうえき》（千利休《せんのりきゅう》）、今井宗久《そうきゅう》、津田宗及《そうぎゅう》、山上宗二《やまのうえそうに》、重宗甫《じゅうそうほ》、住吉屋宗無《すみよしやそうむ》、万代屋《もずや》宗安、田中紹安《じょうあん》」の八名を挙げている。この時期の有名な茶人は、堺のみならず京都・奈良・博多にもあったが、秀吉に茶堂として仕えた大部分が、堺の出身だったのも特徴的である。なかでも利休・宗及・宗久の活動はめざましい。この三人を取り上げるなかで、豊臣政権下の茶人をみることにしよう。

今井宗久

堺の茶人のなかでいち早く信長に着目したのは、今井宗久であった。宗久は近江の出とも、大和今井の出ともいわれるが、その出自はよくわからない。堺にあらわれて、いつしか武野紹鷗《たけのじょうおう》の女婿となり紹鷗の没後、嗣子宗瓦《そうが》を後見しながら商人として台頭する。織田信長の入京に際しては他の堺衆に先駆けて「松島茶壺」と「紹鷗茄子《なす》」を献上し、いち早く誼《よしみ》を通じたことはさきに述べた。翌年、信長軍が堺に入ると、宗久は堺と信長の仲介者という立場で行動し、信長からは堺五ヵ庄の代官に任ぜられている。

津田宗及

続いて堺の新興商人、天王寺屋宗及《そうぎゅう》らが信長へ積極的なアプローチを行なう。天正元年（一五七三）十一月、信長が開いた京都妙覚寺での茶会にはじめて、天王寺屋宗及・塩屋宗悦・松江隆仙など天王寺屋を支える人物たちが参会している。このころ、天王寺屋はかつて堺を領導した能登屋・紅屋などに替わって堺の中心的立場を占めつつあった。それまでの天王寺屋は信長に敵対した本願寺とも密接な関係にあったので、これを断ち切っての参会であった。この茶会は一種の服属の儀礼でもあった。

さらに天正三年に信長が相国寺で行なった茶会には、紅屋《べにや》宗陽・塩屋宗悦・今井宗久・茜屋《あかねや》宗左・山上宗二・松江隆仙・高三隆世・千宗易・油屋常琢・津田宗及ら一〇名の堺衆の名が見られる。かつての「会合衆《えごうしゅう》」に代わる「堺衆」、すなわち新たな堺のリーダーたちであった。信長の支配下に組み込まれた堺は、本能寺の変後、そのまま秀吉に引き継がれる。秀吉に参仕した堺衆は信長代と少し顔ぶれが変化しているのだが、このうち、千利休と山上宗二を取り上げて堺の動向をみてみよう。

利休の登場

千利休は、大永二年（一五二二）、堺で生まれている。幼名与四郎、長じて南宗寺の大林宗套《だいりんそうとう》らに参禅して宗易《そうえき》の号を賜わった。そして北向道陳や武野紹鷗ら、わび茶の草創期の人物に茶の湯を学んでいる。若き日の利休の茶会をみると、名物「善好香炉」や「珠光茶碗」を使っているし、戦国大名三好《みよし》一族との頻繁な交流も知られ、のちの利休の姿はまだない。

天正三年（一五七五）ころ、おそらく天王寺屋宗及との関係もあって信長に参仕することになる。これをきっかけに「抛筌斎《ほうせんさい》」を名乗りはじめている（米原正義『天下一名人千利休』）。信長のもとでは安土城に参仕し、津田宗及らとともに点茶や茶道具の管理にあたっていたらしい。本能寺の変後はそのまま秀吉に仕えるようになっている。ただ、かつての主君信長の近くに仕えていたという立場もあって、秀吉も利休には一目置いていたようだ。利休が筑前守で羽柴姓を名乗っていた秀吉を「筑公《ちくこう》（秀吉公）」「羽筑《はちく》（筑前）」などと呼んだ手紙が残ることからも推測できる。利休と秀吉の力関係は微妙なものだったようだ。

豊臣政権下の利休

豊臣政権下における利休の位置を如実に示しているのは、豊後の大名大友宗麟《おおともそうりん》が国元に送った手紙の一節であろう。薩摩の島津氏に圧迫された宗麟は天正十四年（一五八六）四月、援助の要請に秀吉を訪れる。秀吉から大坂城内をくまなく案内された後、秀吉の弟秀長に面会する。秀長は「内々之儀者《は》宗易、公儀之事者《は》宰相存候、御為ニ悪敷事《あしきこと》ハ不可有之《これあるべからず》」と聞かされ、「宗易ならてハ関白様へ一言も

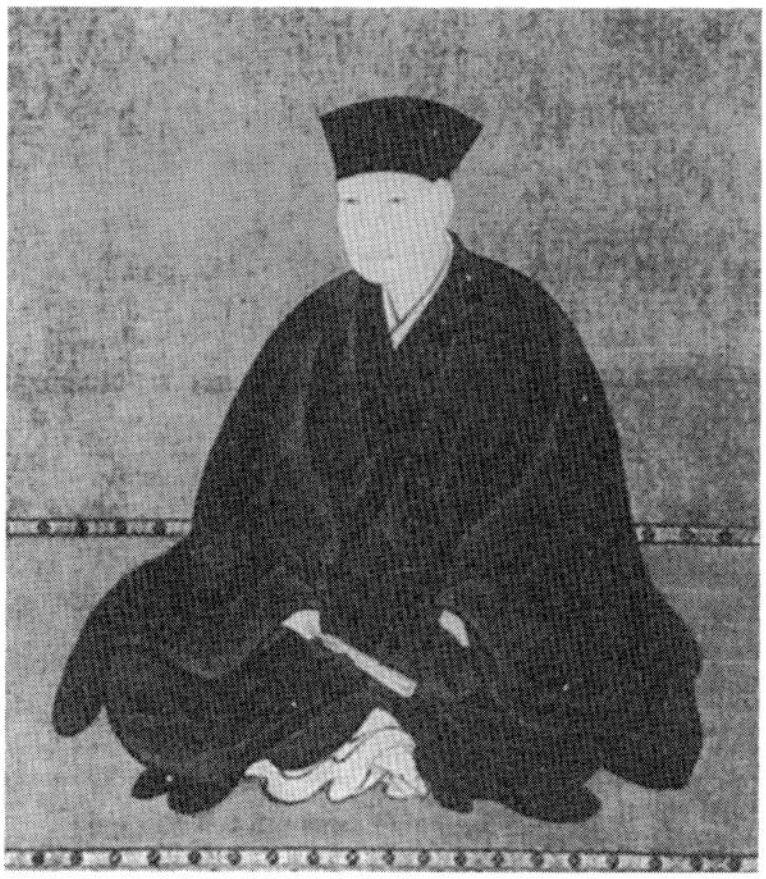

図５　千利休（不審庵蔵）

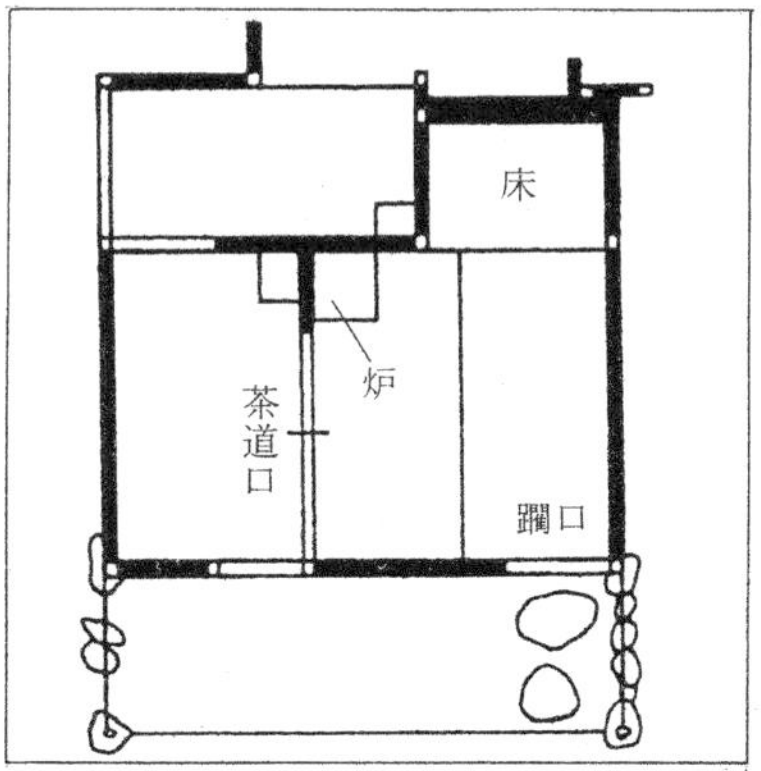

図６　待庵の見取り図

申上人無之《これなし》と見及申候」（『大友家文書録』）と記していたから、政権内部での利休の立場を推測させる。

以前、豊臣政権内部での利休の立場について対談したことがあった。そのなかで利休を現代の会社組織のポストに置きかえるならばどんな立場になるのか、に話が及んだ。豊臣政権を一つの企業だと仮定すると、社長たる秀吉に直属して会社の事業を企画・立案する「社長室長」的な立場だろうか、ということで落ち着いた。政権の仕組みも複雑だが、利休の立場もなお微妙で捉えようがない。たんなる茶堂ではないことだけは確かだ。

利休の茶の湯や茶道具について斬新な提言を次々に行なわれている矢部良明氏は、天正十四年は利休にとって一つの画期ではなかったかと考えておられる（『千利休の創意』）。利休の茶の湯の改革がこの年前後から本格化するからである。くしくもこの年、堺の象徴でもあった堀（環濠・周濠）が秀吉によって埋め立てられている。堺には幾重にも堀がめぐらされており、規模もさまざまだったようだが、堺にとっての周濠はある種の独立意識の象徴でもあった（吉田豊「堺中世の会合と自由」）。周濠の埋立ては利休をして、堺の利休から新たな茶の湯の創造者たらんとの決意を固めさせたであろう。

堺と利休

秀吉による堀の埋立ては、堺の相対的な凋落《ちょうらく》を如実に表わしていた。これ以前、秀吉は大坂城の建築と同時に堺商人を大坂城下に移していたから、経済基盤のある程度の低下もやむをえなかっただろう。堺出身の秀吉の茶堂たちにも変化が見られはじめる。利休がそれまで先輩格であった天王寺屋宗及や今井宗久らに抜きんでた活動を行なうようになるからだ。あくまで堺を本拠とするなかで秀吉政権との連携を考えていた宗及や宗久と、政権のなかで茶の湯を中心として生きようとした利休とは、おのずから異なっていたとしてもおかしくはない。

それ以前から利休は、茶の湯の変革に取り組んでいた。その最初は数多くの創意を込めた茶室であった。天正十年（一五八二）ころ、利休六十歳のことであろうと考えられている。京都府大山崎に現存する「待庵《たいあん》」（国宝）は、二畳敷という空間ながら狭さを感じさせないような工夫が随所に行なわれていた。床の内壁を塗り込めた「室床」や天井の構成などである。この茶室にははじめて「にじり口」が取り付けられた。窓は小さく茶室内は採光が制限されてほの暗く落ち着いた雰囲気を感じさせる。利休は後に、さらに狭い「一畳半」茶室を造り出しており、この茶室を評して高弟の山上宗二は「当時ハ珍敷ケレトモ是平人無用也、宗易ハ名人ナレハ、山ヲ谷、西ヲ東ト茶湯ノ法ヲ破リ自由セラレテモ面白シ」（『山上宗二記』）と記していた。それまでの茶の湯の法を破る、大胆な創意に満ち溢れていた茶室であったことがわかる。

宗易形の茶碗

利休の創意はこればかりではない。記録の上では天正十四年（一五八六）になってはじめて「宗易形ノ茶碗」（『松屋会記』）があらわれる。長次郎による「楽《らく》茶碗」である。それまでの茶碗は中国や愛知県瀬戸で造られた「天目《てんもく》」、朝鮮半島の井戸茶碗など「高麗《こうらい》茶碗」とよばれる茶碗類が大半を占めていた。新たな茶碗として瀬戸・美濃・唐津などで造られたものがやっと出現しはじめていた時期にあたる。いずれも轆轤《ろくろ》で成形された量産品であることが共通している。

ところが長次郎の茶碗は違っていた。一碗ずつを土塊から挽《ひ》き上げる「手捏《てづく》ね」の方法をとったのである。量産はできないが手のひらにすっぽりと収まるようにできあがるし、一碗ずつに細かな配慮も可能である。轆轤挽きが大勢を占めるなかで、あえて手捏ねを選んだ理由はここにあっただろう。

利休による茶の湯の変革が進むなか、秀吉は大徳寺大茶の湯、禁中献茶、北野大茶の湯という大イベントを行なっていたことはさきに述べた。利休にとっても重大なできごとでもあった。とくに禁中献茶は印象深い会だったであろう。実はこれまで「利休」と呼びならわしてきたが、必ずしも正確な呼び方ではない。それまでは「宗易」「抛筌斎」などの号を主として使っており、「利休」の号については禁中献茶に際して正親町《おおぎまち》天皇から勅許されて使いはじめたとするのが一般的な理解である。しかしながら最近では、これ以前すでに大林宗套から与えられており、禁中献茶を機に公称したのではないか、と考えられるようになっている。ともあれ、禁中献茶は、秀吉の茶堂「宗易」から新たな茶の湯の提唱者「利休」へと飛躍する契機でもあっただろう。

天正十五年には吉田兼見が三条釜鋳師から「宗易形」の釜を二〇〇疋で購入していることは先にも述べた。すでに利休による新たな釜が市中に出回っていたことを知ることができよう。翌年ころには利休の釜師与次郎によって阿弥陀堂釜が造り出されている。利休は「地をくわつ〱とあらし候へ」(『江岑宗左茶書《こうしんそうさ》』)と注文したというから、それまでの釜とはかなり変わった様子の釜を造ろうとしたようだ。

利休晩年にあたる天正十八年(一五九〇)には竹花入が切り出されている。それ以前に考案されていた竹中節の茶杓《ちゃしゃく》や竹蓋置《ふたおき》、与次郎による釜などとともに利休の茶の湯をあらわす茶道具として使われるようになる。さらに、それまで特別の場合を除いて使用されることのなかった在世中の禅僧の書、利休の場合は参禅の師古渓宗陳《こけいそうちん》の墨跡が茶会にあらわれている。切腹の前年ころまでには利休による新たな茶道具の創案はある程度完成していたといえよう。

山上宗二

利休ともう一人、秀吉に茶堂として仕えた山上宗二《やまのうえそうに》の活動をみておこう。宗二は利休と同じ堺の出身、父の宗壁も茶人として知られる存在であった。当時の堺商人の通例だともいえるが十七歳のころには茶の湯を学びはじめている。宗二の茶会がはじめて知られるのは永禄八年（一五六五）のこと。まだ二十二歳だったから、若くしてひとかどの茶人として認められるようになっていたのだろう。のち信長による妙覚寺茶会（天正元年（一五七三））には堺衆の一人として参加、翌年の相国寺茶会や名香「蘭《らん》奢待《じゃたい》」の切り取りにも同行していたから、すでに信長の茶堂の一人になっていたのだろう。信長の死後は秀吉に仕えるのだが、天正十四年十月、大和郡山にあった豊臣秀長《ひでなが》のもとで点茶したのを最後に、当時の記録からは姿を消してしまう。なんらかの理由で秀吉の勘気をこうむったのであろう。

次に消息が明らかになるのは高野山にのぼってからだ。天正十五年の春からは、高野山の安養院や成就院などの住職に茶の湯を伝授していたのである。高野山では茶の湯の世界としてはまだ珍しかった伝書を書いている。『山上宗二記《やまのうえそうにき》』である。伝書といっても点前《てまえ》作法や精神について書かれているのではなく、「茶の湯の歴史」「名物茶道具の名前や伝来・評価・所持者」「茶の湯の心得」などが中心で、「茶器名物集」という別名を持つことからもわかるように茶道具目利きのための書であった。

当時は茶の湯の伝書を書き残すといった習慣は見られなかったから貴重な記録だ。この書によって、名物茶道具がどのような評価を与えられていたのかを知ることができる。何よりもこの時期、茶道具の評価が変化しつつあり、それまで高い評価を得ていた茶道具のいくらかが「当世は如何《いかん》」とされ、かわって「形《なり》、頃《ころ》、様子《ようす》」さえよければ茶道具たりうるとする見方が出ていたことが知られる。『山上宗二記』は茶道具の価値が変化し、同時に茶の湯そのものが変わりつつあったことを如実に示す書だったのである。

江戸時代の茶の湯

大名茶道の創造

利休亡き後、茶の湯の世界は変革期を迎える。茶の湯が文化として定着し、趣味と教養の世界に立ち戻りはじめたといってもよい。この時期は、利休の茶の湯を学んだ人々が自らの茶の湯を主張して本格的な活動をはじめた時期にもあたっている。利休の嗣子千少庵《せんのしょうあん》、細川三斎《さんさい》、織田信長の弟有楽《うらく》、古田織部《ふるたおりべ》、上田宗箇《うえだそうこ》などであった。

少庵は利休の切腹後、会津の蒲生氏郷《がもううじさと》に預けられて数年を過ごすが、文禄の末年（一五九五）ころ帰京して、嗣子宗旦《そうたん》とともに利休の茶の湯の再興をめざして活動を開始していた。細川三斎も、利休の茶の湯の忠実な伝承者としての活動を行なっている。ここでは織田有楽と古田織部の二人を取り上げて、大名茶道草創の様子をみることにしよう。

図7　利休の主要弟子系図（太字は利休七哲）

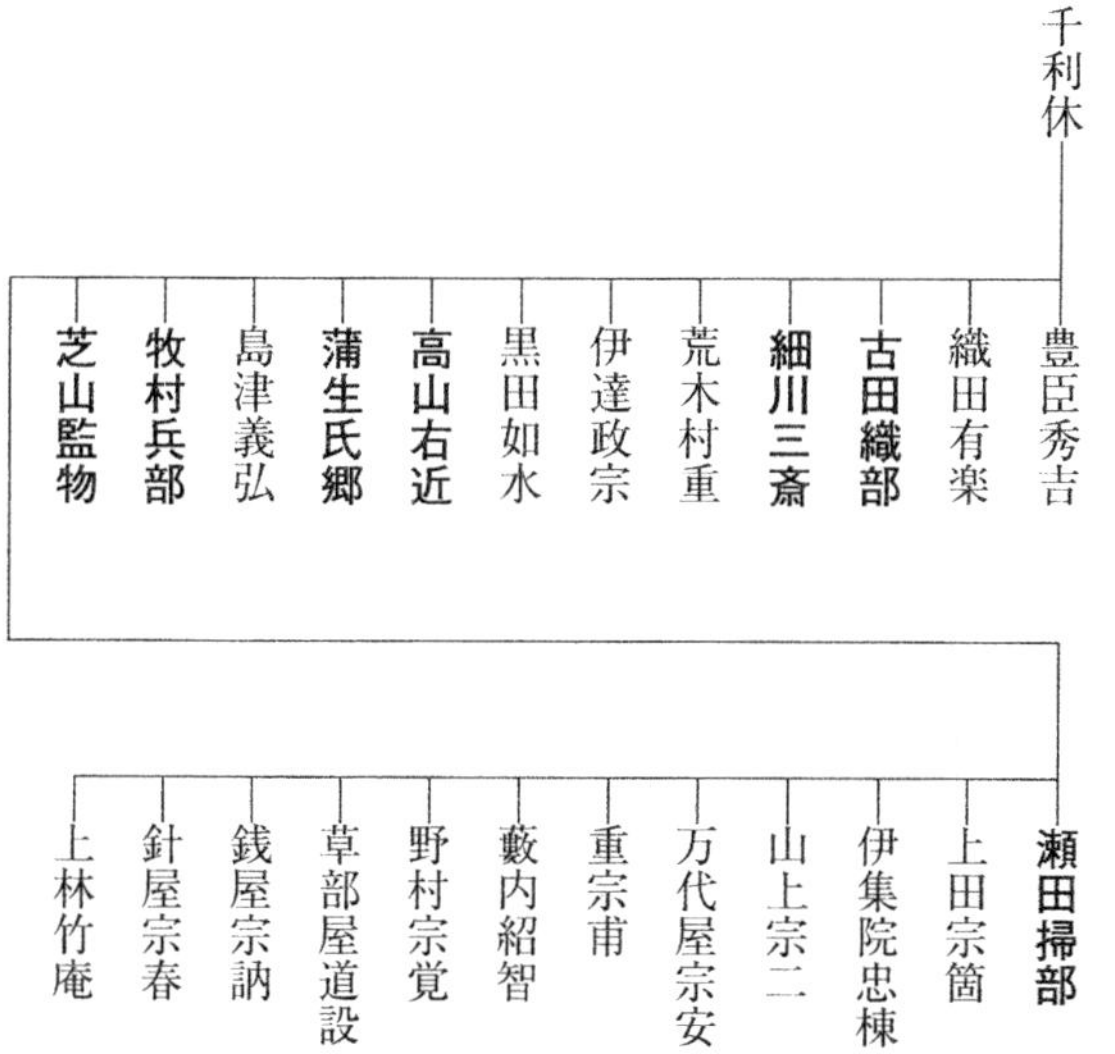

織田有楽

織田有楽は、信長の弟という関係もあって、秀吉の時代になっても主筋の人物として一目おかれていたようだ。関ヶ原の役には徳川方に属して二万石を与えられている。大坂冬の陣には淀《よど》殿との関係もあって大坂城に入ったが、和議を進めて京都東山に隠棲《いんせい》、夏の陣には参加しなかったことはよく知られている。また利休が諸大名に台子《だいす》の法を伝授したとき、有楽にだけは別に神髄を伝えた、というエピソード（『貞要集』）は、茶の湯における有楽の立場をよくあらわしている。

このような有楽ではあったが、江戸時代に入ってからの記録ではやや影が薄い。

その出自や経歴が影響していたのかもしれない。にもかかわらず後世の茶の湯の世界に与えた影響には見逃せないものがある。たとえば有楽が造った茶室「如庵《じょあん》」。京都の隠居所に造られた茶室だったのだが、二畳半台目という構成のなかに竹を詰め打ちした連子窓《れんじまど》や床脇《とこわき》の鱗板《うろこいた》など、多くの工夫が込められていた。

乾山焼《けんざんやき》で知られる尾形深省《しんせい》の「習静堂」や第一一一代後西《ごさい》天皇の御所内にも如庵の写しが建てられており、有楽の茶が大きな影響を与えていた様子を知ることができるだろう。さらに少庵との関係も見逃せない。有楽の茶会を収録した『有楽亭茶湯日記』をみても、少庵のみならず宗旦との交流も盛んであったことを知ることができる。

宗旦の子にあたる江岑宗左《こうしんそうさ》の覚書に収められている話だが、利休が長次郎に造らせたと伝える茶碗でも代表的な七碗（東陽坊・大黒・臨済・木守・鉢開・早船・検校）のうち、「臨済」は有楽の作だと記されている。事実か否か検討の余地があるだろうが、事実とするならば有楽は利休以来、千家とも一方ならぬ関係があったことになろう。

数寄屋御成の創案

室町将軍家の家臣宅への訪問――「御成《おなり》」に際して茶道具が飾られたのは、永禄四年（一五六一）の三好亭御成にはじまる（佐藤豊三「将軍家の御成について」）。このときには四畳半に台子一式が飾られていたのだが、これを後に定形化して新形式を作り上げたのは織田有楽であるとされている。

その後、豊臣秀吉による数寄屋《すきや》御成の原形と思われるものが実施されている。天正二十年（一五九二）十月一日、秀吉は博多の神屋宗湛《かみやそうたん》邸に御成を行なった。相伴《しょうばん》は織田有楽一人。ただし勝手には津田宗凡《そうぼん》・山中山城が、次の間には小姓・大名ら一〇人あまりが控えていた。さらに五〇〇人ほどが広間や隣の宗宅邸に分かれて待機していたという。

図8　織田有楽（正伝永源院蔵）

秀吉は茶室から入り、食事・茶がすんで宗湛宅の方々を見学している。進物の献上に際して宗湛は「数寄屋ヨリ茶屋ニ御成ヲバ、表ヨリト被申上候《もうしあげられ》ヘハ、只カツテヨリ御成　御通候ホトニ」（『宗湛日記』）とあり、秀吉が数寄屋から入ったので宗湛は正面よりと申し上げたのだが、そのまま通ってしまったので、とりあえず「緞子《どんす》一折二十端、沈香《じんこう》三斤」を献上した、とある。これに対して秀吉からは銀子一〇〇枚を下賜されている。数寄屋からの入室だが、この文章をみると必ずしも定形化されたものではなく、偶発的な要素も強い。

文禄二年（一五九三）には秀吉が前田利家《としいえ》邸を訪れる。その準備は千利休によってはじめられていた。ところが利休の切腹によって一時中断していたのを、織田有楽が引き継いで完成させたのである。利休の計画を引き継ぐこと自体、有楽にその資格と能力が備わっていたことを示しているし、秀吉には、利休の跡を継ぐ存在として有楽が念頭にあったことをも推測させる。

この前田邸への御成は、伝統的な御成の形式と茶の湯が融合された姿を持っており、江戸時代に入って「数寄屋御成」として定形化するものであった。この「数寄屋御成」はそれまでのように屋敷の正面玄関からではなく、まず茶室に入り、そこから奥座敷に通るといったかたちをとっていた。まさに神屋宗湛邸への御成を整備したかたちをとっていたのである。有楽は茶の湯を式正《しきしょう》の儀式のうちに位置づけようとしたのであった。

古田織部　有楽と同時期、新たな茶の湯を作り出したのは古田織部《ふるたおりべ》であった。織部は天文十三年（一五四四）の生まれ、通称は佐介、名は景安、後に重然と改めている。父重定の代から織田信長に仕えるが、信長の上洛に従い、天正四年（一五七六）ころには山城上久世あたりの支配を任されていたらしい。このころにはすでに利休と出会っていた。依頼された竹蓋置《ふたおき》を織部に送った折の利休の手紙が残されているからだ。信長が本能寺で倒れると続けて秀吉に仕えるが、さらに利休に茶の湯を学びはじめていたようだ。天正十二年（一五八四）には利休を茶会に招いた手紙が残されていることからも推測される。

この時期、利休は茶の湯の改革に取り組みはじめていた。織部は利休の切腹までの生涯をともにしているから、その改革を逐一目のあたりにしていたはずである。秀吉から蟄居《ちっきょ》を命じられて堺に下る利休を、処罰覚悟で密かに淀《よど》の船着き場に見送ったのが織部と細川

図9　古田織部（大阪城天守閣蔵）

三斎のただ二人だけであったことをみても、利休との一方ならぬ交流を偲《しの》ばせる。利休の切腹後、いち早く茶会に利休の手紙を掛けたり、その茶杓《ちゃしゃく》を位牌代りに朝夕礼拝していたともいわれるのもうなずける。

茶の湯の名人

秀吉配下の武将として行動していた織部も、慶長三年（一五九八）いったん隠居する。かえって隠居前後の織部は「茶の湯の名人」（『多門院日記』）として知られるようになっている。継職前だったとはいえ二代将軍徳川秀忠《ひでただ》が織部邸を訪ねるし、同十五年には織部から茶法の伝授を受けている。さらに駿府《すんぷ》の家康にも再々伺候して点茶を行なうなどしている。

当時の記録には「千利休宗易が貫首弟子」「点茶の技、当時其右に出る者なし」「今世の茶博士」「茶事の宗匠にて極めて数奇者」（『徳川実紀』）などと記されており、名実ともに茶の湯の名人と考えられるようになっていた。

この織部も、大坂の陣の最中に家臣木村宗喜が京都に放火し、大坂に出陣中の家康を織部とともに討ち取ろうとする計画が発覚して切腹する。慶長二十年六月十一日のことだ。宗喜がなぜそのような計画を企てたのか、織部はこれに関与していたのか、など事実関係は不明である。いささか不可解な顚末だが、利休亡き後の名人古田織部はその一生を閉じる。ではこのような織部がなぜ名人と呼ばれたのか、その茶の湯とはどのようなものだったのだろうか。

織部の茶

　織部が茶の湯のうえで独自の歩みをはじめるきっかけを推測させるようなエピソードが「古田家譜」に残されている。利休の死後、秀吉は織部に「利休が伝ふ所の茶法、武門の礼義薄し、其旨《そのむね》を考へ茶法を改《あらため》定《さだ》むべ」しと命じたというのである。これが事実か否かしかとはわからないけれども、織部を高く評価したのが先の家康や秀忠など武家の棟梁《とうりょう》やこれを取り巻く人々であったことを考えるならば、織部の茶の湯とは大名にふさわしいスタイルであったことは想像に難くない。

　織部の茶会は慶長年間を中心に約二〇〇会が知られているが、そのうちの慶長四年三月二十八日の会（『宗湛日記』）をみてみよう。場所は織部の伏見屋敷。茶室は「凝碧亭《ぎょうへきてい》」と名付けられた三畳台目《だいめ》。客は中国地方の雄、毛利輝元《てるもと》・小早川秀包《ひでかね》と博多の豪商神谷宗湛の三人である。織部はこの茶会で注目すべき茶碗を使用していた。「ウス茶ノ時ハセト茶碗、ヒツミ候也、ヘウケモノ（剽《ひょう》げもの）也」と記される、いわゆる織部焼の茶碗だと思われるものである。

　他の道具は、一山一寧《いっさんいちねい》の墨蹟、籠の花入、瀬戸水指、瀬戸焼の「辻堂」茶入、奈良の吉野で掘り出した蓋にあわせて新たに作った釜などであったから、この会ではとくに目立ったものであった。利休が心血を注いで創り出した茶碗――長次郎の茶碗とは大きく異なった茶碗――織部焼（と思われるもの）を使っていたのだ。

織部は、利休の作り上げた茶の湯を熟知していたに違いないことは、その経歴からもうなずける。しかし利休の茶の湯はほぼ究極まで達していたから、全面的な変革は難しかったに違いない。織部は利休の創意のとある部分を変革し、とある部分を付け加えた、というところだろうか。その一つが「織部焼」だったのだ。では他の部分はどうだったのだろうか。

織部の茶室

現存する織部デザインによる茶室としては「燕庵《えんあん》」（藪内家）や「六窓庵《ろくそうあん》」（奈良国立博物館）などが知られている。これらの茶室は、利休の二畳敷茶室「待庵」などとは違って、窓の数を多くし明るく開放的な雰囲気をつくり出していた。利休の茶室が採光を極力制限して、ほの暗く落ち着いた雰囲気を醸し出そうとしていたのとは大きく異なっている。利休の二畳敷きと織部の三畳台目では広さの相違もあったろうが、基本的な考え方は対照的だったともいえよう。

また、利休は一会を小間の茶室だけで終えようとしていた。場を限定するなかで主客、

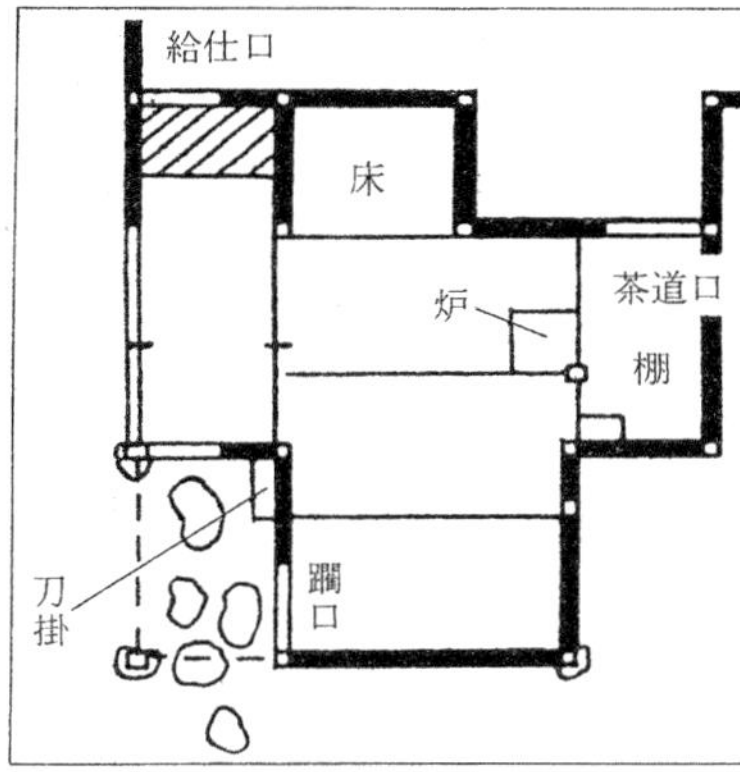

図10　燕庵の見取り図

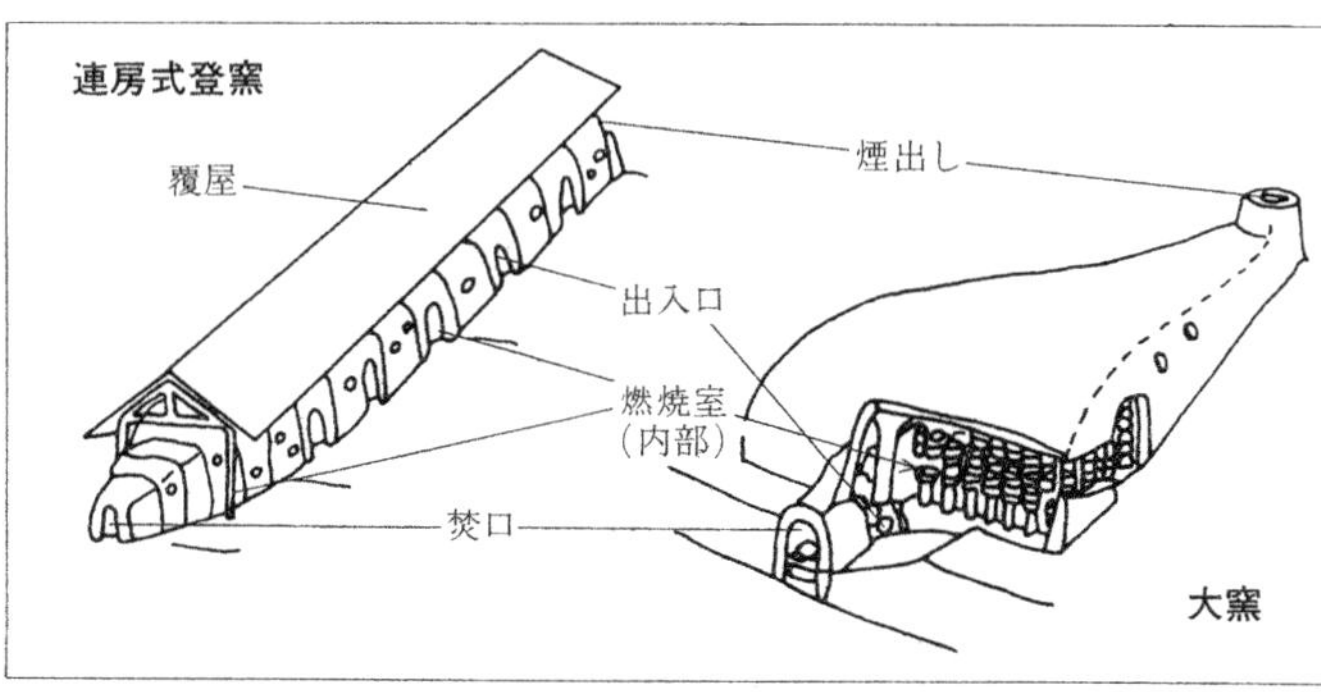

図11　連房式登窯と大窯

あるいは客同士の茶の湯におけるある種の緊張関係を持続させようとしたのである。ところが織部は、小間の茶室のみならず「鎖の間」とよばれる広間に場を移して茶会を続けようとした。小間茶室における緊張関係を解き放ち、新たにリラックスした場を設定して両者の茶を味わうスタイルを作り出していた。これらの変革だけでも大きなものだといわざるをえないのだが、茶室や茶会形式の相違は茶道具にも影響を及ぼしていた。さきに述べた「織部焼」といわれる美濃の焼物がそれである。

織部焼

織部焼は慶長年間にいたってあらわれる、斬新なデザインの焼物である。その造形の源がどこにあったのかは、現在も詮索されているところだ。種類も多様で、茶碗をはじめとして茶入、花入、香合《こうごう》から向付《むこうづけ》などの食器、燭台、キセルなど茶道具のみならず多くの種類が造られている。それまでの茶陶に比べて著しい歪みや大胆な色使いをもっていた。実のところ織部焼が古田織部と直接に結びつくか否か現段階では明らかではない。しかしながら織部が利休亡き後の名人として颯爽《さっそう》と登場した、その時期に新たに出現した異風な茶陶が古田織部と結びつけられたとしてもけっして不思議ではなかっただろう。

織部焼の窯は、古田織部の出身地ともされる美濃の元屋敷窯（岐阜県土岐市）である。

慶長十年（一六〇五）ころ、それまでの大窯にかわって連房式の登窯《のぼりがま》が導入され、生産量も飛躍的に増加している。美濃における大量生産時代の到来である。量産を支える作り手もさることながら、販売先をも確保しておかねば窯の経営は成り立たない。

その主たる販売先が京都や大坂などの大消費地であったと推測されている。京都や大坂では都市の発掘調査が進み、大量の陶磁器が発見されるようになっている。江戸時代はじめの京都でも短いサイクルでデザインを変化させ、消費動向にも合致させるべく大量の織部陶が流入していたことが判明している。織部はそのどこかに介在していたと考えられるのである。

織部の時代

織部が活躍した時代は、かってのように商人たちが武士と肩をならべて世の中を動かす時代ではなくなりつつあった。それまで以上に武士たちは支配者としての立場と働きを要請されはじめていたのである。茶会記をみても武士が商人たちと同席することが少なくなっていることからも推測できる。武士と商人が茶席に同席することは、身分の相違が茶席のなかでさほど厳密ではなかったことを示している。これこそ利休が茶の湯のなかでめざしたことの一つであった。しかし慶長年間を過ぎるころには、もはやそれは許されなくなりつつあった、織部は、このような時代の変化に対応した茶の湯を作り上げるように要請されていたと考えられる。その結果が織部の茶の湯だったのかもしれない。

江戸初期の豪商

慶長十九年（一六一四）および翌元和元年と二度にわたる大坂冬・夏の陣によって、豊臣家は没落する。豊臣家に代わった徳川家ではその基盤を固めるべき時期にはいる。そのころ、京都では多くの商人たちが幕府や諸大名、禁裏と結びつくなかで活動を行なっていた。いわゆる特権商人たちである。

茶屋・後藤・亀屋・本阿弥《ほんあみ》・雁金《かりがね》屋（尾形）などはその代表であったし、千宗旦《そうたん》門下の茶人として知られる藤村庸軒《ようけん》も、伊勢藤堂家に出入りする「十二屋」と号した呉服商であった。これらの商人たちは多かれ少なかれ茶の湯を嗜《たしな》み、名物茶道具を持っていたこともすでに明らかである。近年、京都では茶屋四郎次郎宅跡と推定される地から大量の茶道具が発掘された。茶屋家には文献で知られる以上の茶道具が集積されていたことが明らかになったのである。

ここでは、これまであまり取り上げられることのなかった京都の豪商大文字屋の記録から、江戸時代初頭における豪商の茶の湯をみてみたい。大文字屋は戦国時代から続く豪商で諸大名とも関わりが深く、その所持した「虚堂智愚墨跡《きどうちぐぼくせき》」は「破れ虚堂」として現在でも有名である。

墨跡の通称

茶の湯の世界では数多い墨跡を特定するために、通称ともいうべきものを付ける場合がある。たとえば常盤山文庫に所蔵される清拙正澄《せいせつしょうちょう》の墨跡。「棺割《かんわれ》墨跡」ともよばれている。建仁寺に住していた清拙が暦応二年（延元四年〔一三三九〕）の遷化《せんげ》に際して記した遺偈《ゆいげ》なのだが、臨終に間に合わなかった弟子が棺を拝して泣き崩れたとき、突然に両眼を開いて戒を与え再び目を閉じた、という故事による。

さらに東京国立博物館に保管される国宝の圜悟克勤《えんごこくごん》の墨跡。弟子の虎丘紹隆《くきゅうじょうりゅう》に与えた印可状なのだが、薩摩の坊津《ぼうのつ》あたりを漂流していたのを、堯甫《ぎょうほ》という僧侶が拾って古嶽宗亘《こがくそうこう》に献じたところから「流れ圜悟」とよばれるようになったという。

このほかにも京都東福寺の開山円爾弁円《えんにべんえん》の「板渡しの墨跡」、中国南宋代の禅僧拙庵徳《せったんとつ》光《こう》による「金渡しの墨跡」などが知られている。著名な墨跡に付けられた異称を挙げたのはほかでもない。大文字屋が所持していた虚堂智愚の墨跡も、とある事件を契機に「破れ虚堂」とよばれはじめたからだ。その経緯と大文字屋の茶の湯をみることにしよう。

大文字屋の虚堂墨跡

虚堂智愚（一一八五～一二六九）は中国宋代の禅僧。中国五山の大寺を歴住するが、その法は日本にも伝えられ、南浦紹明《なんぽじょうみょう》を経て大徳寺の開山大燈国師宗峰妙超《しゅうほうみょうちょう》に伝わっていることから、茶の湯にも関わりの深い禅僧であった。それだけに室町時代後半には茶掛けとしても珍重されたようで、当時の名物集《しゅう》ともいうべき『山上宗二記《やまのうえそうじき》』には、豊臣秀吉所持の「天下一ノ名物」の虚堂墨跡や、同じく秀吉が持っていた「天下無双ノ数奇道具」の虚堂墨跡、大文字屋所持の「昔紹鷗《じょうおう》所持」の虚堂墨跡を挙げている。

大文字屋の虚堂墨跡は、後に京都仏心寺開山となった日本から入宋僧無象静照《むしょうじょうしょう》に与えられたもので虚堂八十歳ごろの筆跡だと考えられているものである。武野紹鷗から大文字屋を経て松平不昧《ふまい》にわたり、現在は東京国立博物館に保管されて国宝に指定されている。

大文字屋はこのほか大名物「初花肩衝《はつはなかたつき》」「日野肩衝」、高麗茶碗でも評価の高い狂言袴《きょうげんばかま》の「疋田筒《ひきた》」、利休作の一重切花入「園城寺《おんじょうじ》」などを所持した家であった。とくに「初

図12　大文字屋略系図（『先祖記』による）

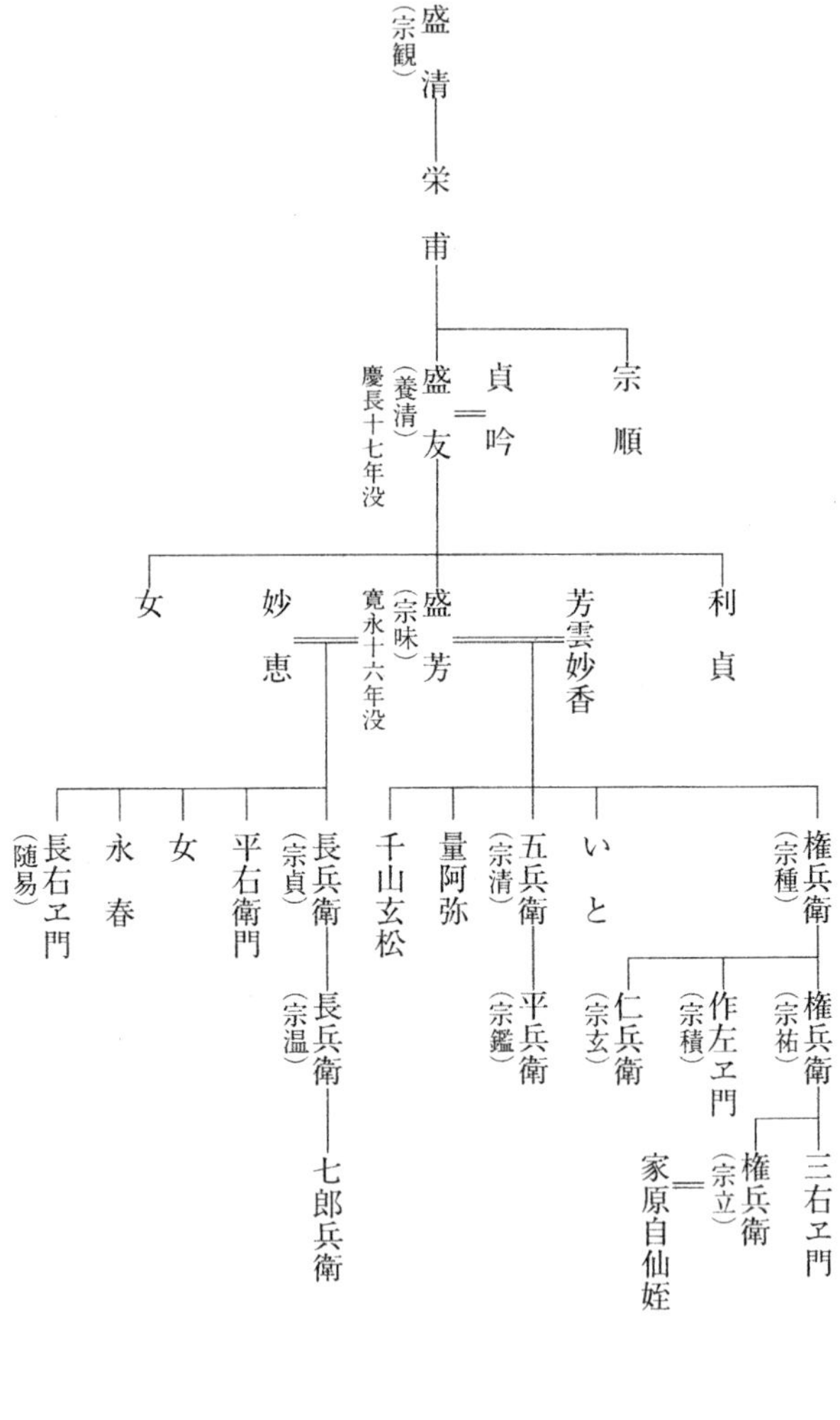

花」は茶入の代表ともされるもので、珠光門下の鳥居引拙から大文字屋に移り、永禄十二年（一五六九）に行なわれた織田信長の「名物狩り」に召し上げられたのは前述の通りである。信長から嫡子信忠にわたり、徳川家康・豊臣秀吉を経て再び徳川家康が入手、以来徳川将軍家に伝来した茶入であった。

大文字屋の歴代

さて、大文字屋は比喜多（疋田）と称した京都の豪商で、初代盛清（宗観）は宇多源氏の血を引く若狭の武士であったが、ゆえあって京都伏見に移り呉服商を営んでいたという。盛清が京都に移った理由は判然としないが、武野紹鷗の父がもと若狭の武士で堺に移って豪商となったのと同様、戦国の動乱のなせるわざだったのだろう。

宗観は後に、伏見から上京上立売《かみだちうり》の入江殿図子《ずし》東へ入町北側に居を移している。上立売は京都における商業の中心地の一つでもあったから、すでにそれなりの財力を貯えていたのであろう。茶の湯も嗜んでおり、奈良の茶人松屋久政が訪れた折の記録（『松屋会記』）も残されているから、ひとかどの茶人として知られていたようだ。

弘治三年（一五五七）四月二十三日、宗観を訪れた久政は「床ニ初花、中板ニショウハリ（釜）、甫也（蓋置）、天目、水ツキ」などの道具でもてなされている。二日後には大文字屋栄五郎の会に招かれ「虚堂墨跡、天目、平釜、小板」の道具を見ている。当初は「初花」と「虚堂墨跡」を一族で持ち分けていたようだが、後に宗観の子栄甫が入手している。永禄十三年（一五七〇）に没した宗観の後、二代栄甫を経て三代を継いだのが盛友（養清）であった。天正十二年（一五八四）十一月十九日には堺の津田宗及《そうぎゅう》、京都の茶人針屋宗和を招いて虚堂墨跡を使って茶会を行なっている（『天王寺屋会記』）。「此一軸、親ノ栄甫ヨリ請取候、初而ノ開也」と見えるから、このころに家督を継いだのであろうか。茶の湯は利休の門下であったようだが、その没後は古田織部についたようで、大名物の「日野肩衝」は織部と相談のうえで金五〇枚で購入したものであった。

慶長十七年（一六一二）四月に没した養清の跡を継いだのが四代盛芳で、五兵衛、宗味と称している。宗味代には筑前黒田家、阿波蜂須賀《はちすか》家の御用商人となっており、美作《みまさか》一八万石の森忠政などとも関わりを持っていた。とくに黒田藩三代藩主忠之や蜂須賀家三代藩主忠英（天庸公）らは京都に立ち寄った折には宗味宅に宿泊していたという。

破れ虚堂

宗味が寛永八年（一六三一）十月に行なった茶会が『松屋会記』に収録されている。場所は西洞院上立売の宗味宅茶室。床には大文字屋に伝来した虚堂智愚の墨跡が掛けられ、胡銅花入・日野肩衝などが使われていた。

この墨跡が、寛永十四年（一六三七）閏《うるう》三月八日に、とある事件に巻き込まれる。当時、京都鹿苑寺《ろくおんじ》（金閣寺）の住職をつとめていた鳳林承章《ほうりんしょうしょう》は日記『隔蓂記《かくめいき》』に「大文字屋宗味の小姓存分有るに依り、八日の昼走り入て蔵の中に籠《こも》り、今日夜に入りて切腹す、虚堂の墨跡を裁《たち》破り宗味の肩衝茶入を打破る、其外《そのほか》、刀・脇指・数奇道具悉《ことごと》く皆破滅す、前代未聞の儀、言語に伸べ難し、走り入る者の名は八兵衛也、死骸はハタモノニ上ル也」（寛永十四年閏三月十日条・原漢文）とあり、この日、大文字屋秘蔵の虚堂墨跡が引き破られ、犯人の八兵衛は磔《はりつけ》にされたことがわかる。ただ鳳林承章の日記は簡略なので詳しい事情はよくわからない。しかしながらこの事件で大文字屋の虚堂墨跡がいっそう有名になったのは間違いない。大文字屋の『先祖記』によれば事の顚末は以下のようなものであった。

八兵衛は宗味に仕える人物だったのだが、宗味後妻の長男長兵衛が八兵衛に悪口を浴びせかけたため二人は不仲になっていた。おそらく宗味の意向もあって先妻の長男権兵衛に肩入れしていたのであろう。この結果、八兵衛は暇をとらされ、やむなく江戸に出たのである。しかし長続きせず京都に帰って学問、書を生かして青蓮院《しょうれんいん》に奉公するが、ここも大文字屋の抗議によって解雇されてしまう。

八兵衛は大文字屋に恨みを持ち、これを晴らすため大文字屋に出かけ夫婦を探すが外出していたので見つけることができなかった。その途中手代に見咎《みとが》められ、やむなく土蔵に立て籠ることになったのである。土蔵には「虚堂智愚墨跡」や「日野肩衝」などの名物茶道具や各大名家からの預かり道具、薩摩島津家の証文などが保管されていたので、これらが損なわれることを恐れて大文字屋では静観の態度をとった。

その間に八兵衛の母親や権兵衛らが説得し、夜には土蔵から出ることになった。ところが所用で出かけた母親が槍を持った役人たちに出くわしたため、約束を違えて大文字屋が通報したものと早合点する。すぐさま土蔵の八兵衛に知らせると、その夜切腹して果てたという。

翌朝、土蔵に入ってみると、諸大名家の証文や道具類、虚堂墨跡は長兵衛のものであるからと引き破られ、日野肩衝は権兵衛に譲られたものだからと無事であったという。この一件を聞いた所司代板倉重宗は大名に連絡のうえ、証文類を書き直させ、破れた墨跡は表《ひょう》具師《ぐし》宗由が継ぎ直し小堀遠州《こぼりえんしゅう》好みで表具されたので、大文字屋の虚堂墨跡は「破れ虚堂」としてそれまで以上に有名になったという。ちなみに現在の「破れ虚堂」の表具は遠州好みとされており、この折、板倉重宗の依頼によって小堀遠州によって表具されたものであろう。

江戸初期の豪商

この後の大文字屋の展開については機会を改めて述べたいが、大文字屋に関する史料を見る限り、茶の湯がその活動と密接に結びついていた様子を読み取ることができる。とくに慶長から寛永にかけての江戸幕府の組織も未成熟であったから、諸藩も京都の豪商たちを必要としたのであろう。このような時期であったからこそ、経済に長けた人物が登用されたのも、当然のなりゆきであった。大文字屋もその例にもれず筑前黒田家や阿波蜂須賀家・薩摩島津家に出入りしている。その間を茶の湯が取り持っていたのだ。とくに黒田長政が宗味を茶会に招き同席したと伝えることなどは、この時期を除けば江戸時代の後半まで絶えて見られぬ現象だった。まさに茶の湯のなせるわざだったといえよう。

寛永期の茶人たち――宗旦・宗和・遠州

江戸時代のはじめ、茶の湯の世界は転換期をむかえる。最後の大規模な戦乱であった大坂の陣が終焉《しゅうえん》し豊臣家が没落、桃山期の茶の湯を熟知していた古田織部《ふるたおりべ》も没する。江戸幕府による全国支配が確立しはじめると、経済力をつけはじめた商人層にも台頭の兆しがあらわれる。

これにともなってそれまで主として武士たちによって担われていた茶の湯も商町人層にまで広まり、これに対処する茶人たちが活躍をはじめる。江戸時代の初頭、茶の湯も新たな時代を迎えるといってもよいだろう。この時期の茶人をいくらか取り上げて茶の湯の世界を眺めることにしよう。

図13　千宗旦（不審庵蔵）

図14　宗旦の高弟

千宗旦
- 三宅亡羊（儒学者　寄斎）
- 藤村庸軒（呉服商　十二屋源兵衛）
- 杉木普斎（伊勢御師　吉大夫）
- 山田宗徧（長徳寺周覚　小笠原家茶頭）
- 久須美疎安（京都岡崎住）
- 松尾宗二（楽只軒）
- 本間利兵衛（久田宗利）
- 京極高広（丹後宮津城主　安智軒　京都岡崎住）
- 石川自安（犬山城主石川吉光の子　京都岡崎住）
- 喜首座（竜安寺大珠院住職）
- 延命院（京都北野住）
- 岸本調和（土斎　飯後庵）
- 飛来一閑（塗師　一閑張）

少庵と宗旦

千利休《せんのりきゅう》の血脈をひいてその後の茶の湯を領導したのは千少庵《しょうあん》とその子宗《そう》旦《たん》であった。少庵は天文十五年（一五四六）の生まれ。天正八年（一五八〇）ごろ、堺から京都に居を移し、大徳寺門前の利休屋敷に住している。同年齢であった利休先妻の子紹安《じょうあん》（後の道安《どうあん》）となんらかの葛藤があったのではないかと推測されている（村井康彦『利休とその一族』）。上洛した少庵を京都の茶人たちは堺から「めんよ（名誉）の数奇者」が上洛したと噂しあった（「江岑夏書《こうしんげがき》」）というから、それまでの堺での活動とあいまって、すでに注目される存在だったのだろう。

京都ではまずはじめて「五尺床《ごしゃくどこ》」を創案し、後にはこれを四尺にまで縮め、利休もこれを激賞するなど、茶人としての作為にも優れた存在だったようだ。しかし天正十九年の利休切腹に際して会津の蒲生氏郷《がもううじさと》に預けられることになる。数年の後、文禄三年（一五九四）ごろ帰京。少庵は子息の宗旦とともに利休の茶の湯の再興をめざすことになる。この時期、少庵・宗旦父子は共同して利休の茶の湯の復興に力をあわせたといえるであろう。

これまで帰京後の少庵の活動についてはあまり知られることはなかった。少庵が利休の娘を妻とする養嗣子であったこと、そのため血脈を中心に考えればその子宗旦が利休の血脈を引く正当な跡継ぎであった、と考えられていたことなどが原因であろう。一方では堺の利休の家を継いでいた道安が豊臣秀吉の茶堂《さどう》として復帰していたからなおさらだったはずである。

しかし新たに紹介された資料からすれば、少庵の活動もかなり活発なものだったようだ。キリシタン大名としても有名であった高山右近《たかやまうこん》は「裏ノ少（庵）隠居」の二畳敷座敷を訪ねたことがあったし、織田有楽《うらく》の茶会記『有楽亭茶湯《ちゃのゆ》日記』には盛んな茶会での交流を見出すことができる。残念ながら慶長十八年のわずか一年分しか残らないが、豊後日出藩主木下延俊の日記（『木下延俊慶長十八年日次記』）からも少庵の多彩な交流が知られる。その他にも相国寺の昕叔顕晫《きんしゅくけんたく》などとの利休在世当時からの交流が復活しており、少庵は宗旦とともに、利休亡き後の千家の当主として十分な活動を行なっていたといえるだろう。

千　宗　旦

さて、宗旦は天正六年（一五七八）の生まれ、遅くとも天正十六・十七年には、大徳寺三玄院の春屋宗園《しゅんおくそうえん》に預けられ、禅僧への道を歩んでいた。利休の配慮だっただろうと考えられている。文禄末年（一五九五）ごろの父少庵の帰京によって還俗《げんぞく》して茶匠への道を歩みはじめる。長年の大徳寺での生活は、宗旦の茶の湯を禅を中心とした脱俗的なものとしたようだ。祖父利休の賜死を身をもって知っていた立場からすれば、時の権力とも一線を画す生涯を過ごすことになったのもゆえなしとしない。このような宗旦の生き方が、わび茶を究極までつきつめようとしたという後世の宗旦像を作り上げたといえよう。

宗旦若年の茶の湯の様子を知る史料は少ない。おそらく少庵が利休の後嗣としての立場で活動していたからであろう。宗旦の茶会が知られるのは慶長十三年（一六〇八）二月二十五日（『松屋会記』）にいたってである。父の少庵はいまだ健在で活動をしているが、この茶会では小間とともに現在も表千家に残る残月亭を使用しているところからして、茶匠として一人立ちしはじめたころのものだと考えられる。その様子をみることにしよう。

奈良の茶人松屋久重《まつやひさしげ》は朝食を終えて宗旦を訪れている。台目床には中国宋代の禅僧で鎌倉浄智寺に住した「大休正念」の墨跡が掛けられ、前には胡銅《こどう》の花入に薄色椿が入れられていた。花入に敷いた丸板は利休所持のものである。他には常張《じょうはり》釜に唐津焼の水指、利休尻膨《しりばり》の茶入、黒楽茶碗などである。利休道具が多く使われている点が目を引く。利休の遺蹟を継いだことを示す道具組だったのだろうか。

貴族へのアプローチ

宗旦の活動を知る文献の一つに「茶の湯聞塵」（『茶の湯文化学』一号所収）がある。近衛尚嗣のメモなのだが、宗旦の点前《てまえ》作法がよく記されている。「茶の湯聞塵」は宗旦が近衛家などの貴族と交流があったことを如実に示すものであるが、これに限らず、東福門院和子《とうふくもんいんかずこ》や後水尾院《ごみずのおいん》との関わりも知られており、宗旦の茶の湯のなかに華やかな一面もあったことを知ることができるであろう。

三千家の分立と高弟たち

さきにも述べたように、宗旦は、利休賜死もあってか自らを時の権威の埒外《らちがい》に置こうとしていたようである。にもかかわらず子供たちには積極的に仕官を薦めた。三番目の男子であった江岑宗左《こうしんそうさ》の有付（仕官）は、知己を頼って唐津寺沢家、さらに高松生駒家を経て紀州徳川家に決定している。四男仙叟《せんそう》宗室《そうしつ》についても同様に、加賀前田家に出仕することになった。次男の一翁宗守も高松松平家に仕官しているから、宗旦の子供たちは三つの家を立て利休の茶の湯を後世に伝えることになったのである。

これと同時に、宗旦の高弟たちも活動を開始していた。とくに杉木普斎《すぎきふさい》、山田宗徧《そうへん》、藤《ふじ》村庸軒《むらようけん》らが代表的な存在だ。これらの人物については後に述べることにしよう。

金森宗和

千宗旦が利休の茶の湯の再興をめざして活動していたころ、金森宗和《かなもりそうわ》も新たな活動をはじめていた。宗和は美濃の出身で、父は信長・秀吉に仕えて飛驒半国を領する大名に成長していた。その長男として天正十二年（一五八四）に生まれたのが宗和であった。大坂の陣に豊臣方につくことを主張して父と意見が対立、家を出て京都に住することになる。慶長十九年（一六一四）のことである。京都では大徳寺金龍院の紹印伝叟《じょういんでんそう》について「宗和」の号を得、現在の京都御所近く「御所八幡上半町」に居を構えて生涯を茶の湯の宗匠として過ごすことになる。

それまで武将として過ごしてきた宗和が突然、茶匠としての生活を過ごせたのか不思議に思われるが、金森家歴代の茶の湯をみればある程度納得できる。祖父の兵部卿法印は利休門下の目利きとして有名な人物であったし、父の出雲守可重《よししげ》も「古田織部殿時代は金森出雲殿尤《もっとも》目ききの巧者たり」（『長闇堂記』）といわれている。「出雲肩衝」「金森丸壺」「金森大海」「雲山肩衝」などはいずれも金森可重にゆかりをもつ茶道具であったから、茶器にその名を残すほど茶の湯に堪能な人物だったのだ。その跡を継いだ宗和は、茶の湯の素養は若い時分から十分に積んでいたといえるだろう。

素養があったとはいえ茶匠として名をなすのは容易なことではなかっただろう。すでに宗旦や小堀遠州といった茶人たちが活動をしていたからである。宗和はこれらの人物とは一味違った茶の湯をめざしたのであった。寛永年間に入ると「信楽水指　宗和ノ形」（『松屋会記』寛永十二年四月二日条）、「宗和切形粟田口作兵衛茶入」（『隔蓂記』寛永十七年十一月八日条）などと、宗和自らの好みで茶道具を創り出していたことを知ることができる。端正さと優美さを旨とする宗和の焼物のスタイルが、このころまでにはできあがっていたのだろう。

公家への着目

宗和が着目したのは、茶の湯がいまださほど広まっていなかった公家の世界であった。まず利休の時代から茶の湯を嗜《たしな》んでいた公家たちに近づいたのだが、宗和の名を有名にしたのは御室《おむろ》の仁和寺《にんなじ》が関係して茶陶を焼く窯が築かれたことだっただろう。ここに轆轤《ろくろ》の技術に優れた名もなき陶工清右衛門《せいえもん》（仁清《にんせい》）を見出して新たな焼物を作り出し、これを自らの茶の湯を象徴するものとして積極的に売り出したのである。慶安二年（一六四九）には「茶入　宗和切形トテ、トウ四方也、茶弁当ニ入レル為ト云ヘリ、仁和寺ヤキトナリ」（『松屋会記』）の記載をみることができる。このころまでには、自ら差配する御室の窯で好みの茶道具を次々に焼き出すようになっていたのである。

仁清窯

金森宗和で注目されるのは陶工仁清である。これまで、仁清の作品の優美なありさまから「公家好み」を象徴する茶陶であり、これを指導した宗和は公家の茶の湯の世界にも大きな影響を与えたと考えられてきた。たしかに公家の茶の湯と宗和の関係は無視できない。公家の茶会に宗和の茶杓《ちゃしゃく》がよく使われることは、これをよくあらわしている。しかしながら公家たちばかりが宗和の茶の支持者ではなく、大名家も多かったと考えられるようになった。宗和の茶会には武士が多く招かれていたことと、仁清によって作り出される上質な「錦手《にしきで》」の作品の多くが大名家に買い求められていたところからの推測である（河原正彦「御室仁清窯の基礎的研究」）。

仁清が造り出したのは、当時「錦手」とよばれた色絵の作品であった。なによりも秀でた轆轤の技術を基礎においた造形と、焼物をキャンバスに見立て、そこに優美な絵を描いた作品の数々であった。当初は瀬戸が中心となって行なっていた唐物《からもの》写しや高麗物《こうらいもの》の写しの茶道具を造り、後には有職故実《ゆうそくこじつ》に範をとった冠形や結文、羽子板、ブリブリ（振振、木製玩具）などの形を模した香合、全面に吉野山の風景を描いた「色絵吉野山茶壺」（静嘉堂文庫蔵）、月と梅の文様を描いた「色絵梅月図壺」（東京国立博物館蔵）などを残している。宗和の好みのうえに立って新たな茶陶を作り出した仁清は、茶の湯の世界のみならず、その後の京都の焼物にも大きな影響を与えたといえよう。

小堀遠州

宗旦や宗和が活動をはじめていた時期に、古田織部亡き後の武家茶道を担ったのは小堀遠州《こぼりえんしゆう》であった。小堀遠州は天正七年（一五七九）、近江小堀村で生まれている。父の正次は浅井長政に仕えていたが、のち豊臣秀長、秀吉、徳川家康に仕えて備中高梁《たかはし》城を預けられていたという。その子の遠州は慶長九年（一六〇四）、父の跡を継いで江戸幕府の官僚としての生活をはじめる。当初は伏見城・大坂城・二条城・江戸城・水口《みなくち》城などの作事を行なっていたから建築関係の担当者だったといえよう。慶長十三年、駿府城作事の功によって従五位下遠江守に任ぜられている。

元和九年（一六二三）、遠州は京都伏見奉行に就任する。伏見の町は京都全体からみれば小さな地域にすぎないが、当時の伏見奉行はたんに町政を担当するのみならず、近江や山城・丹波の施政にも関わりをもった広範な権能を併せ持っていた。そのため想像以上の活発な動きをしていたようだ。遠州が茶会の客として呼んだ人々をみてもそれがわかる。

図15　小堀遠州（孤篷庵蔵）

寛永二年（一六二五）の伏見奉行所新築披露茶会での客をみると、幕閣の重要人物が名を連ねている。この年は将軍宣下のために家光の上洛を控えていたとはいえ、これだけの人物が京都の一奉行にすぎな

表3　織部・遠州・石州の茶風

	将軍	師	茶室	焼物	著作	活動期
古田織部	徳川秀忠	千利休	燕庵(藪内家) 八窓庵	織部焼 高麗茶碗	織部百ヵ条	安土桃山
小堀遠州	徳川家光	古田織部	密庵席(大徳寺龍光院) 忘筌席(大徳寺孤蓬庵)	遠州七窯 古染付・祥瑞 高麗茶碗	小堀遠州書捨文 小堀遠州茶湯伝書	江戸初期
片桐石州	徳川家綱	桑山宗仙	中之坊茶席(当麻寺) 慈光院茶席	楽　焼 高麗茶碗	石州わびの文 一畳半の伝	江戸前期

い遠州を訪ねるのは異例のことだった。

遠州の茶会記

さて、茶の湯は織部に学んだようだが、織部の茶風が作為に満ちたものだったから、遠州も自然に時代に合わせた茶の湯のスタイルを作り上げることに腐心しはじめていたようだ。このような遠州の茶会記が数多く残されている。総計すれば遠州自らが行なった茶会の記録はおよそ一〇〇〇回に及ぶ。他の茶会に出かけた折のものまで加えればかなりの数になるだろう。

ただし、古記録の常としてかなりの重複がみられるし、茶会の道具や参客の記録のみで年月日がないものも相当数ある。これらを整理しなければ遠州の茶会総数はわからない。この整理にはかなりの困難が予想されたが、あえてそれに挑戦した書が刊行された。熊倉功夫・松澤克行両氏による「小堀遠州の茶会記」（『小堀遠州茶会記集成』）である。これによれば遠州が生涯に行なった茶会の記録は三九二会ということになる。この数が思ったよりも多いのか少ないのかは考え方にもよるが、遠州の職掌を考えるとかなりハードな会数であったことは想像に難くない。

新たな茶道具の創出

茶人遠州の晴れの舞台は、寛永十三年（一六三六）の三代将軍家光に対する献茶であった。家光は生まれながらの将軍候補であり、継職後は大名の取り潰しや転封《てんぽう》、一国一城令の厳密な励行に力をふるった将軍であったから、その権威には比類のないものがあったとされている。その家光に茶の湯を伝えたのだから、諸大名も遠州の茶には一目おいたであろう。では遠州の茶の湯とはどのようなものだったのであろうか。

献茶の折には藤原定家《ていか》の色紙や古瀬戸「在中庵」茶入などが使われている。遠州自身、定家様の書をよくしているから、定家と彼を取り巻く時代に惹《ひ》かれていたのは間違いない。その他、禅僧の墨跡などもよく使用している。

焼物、とくに茶碗では高麗物や瀬戸・信楽・備前・唐津などが多いが、これに加えて高《たか》取《とり》・膳所《ぜぜ》・染付《そめつけ》などが使用され、量質ともにそれ以前の茶会を圧倒している。遠州が着目したのは瀬戸や美濃を中心にして新たに焼き出された焼物であった。これらの焼物については、すでに織部が注目していたのだが、遠州は、再びこれを取り上げて分類し、銘をつけて次第を整えて諸大名家に供給していったのである。のちに「中興名物《ちゅうこうめいぶつ》」とよばれる一連の茶陶や茶道具であった。掛物には伝統的な墨跡などやこれに続く大徳寺僧のものを多用する反面、伝統にとらわれず新たな焼物を取り上げていたといってもよい。

なによりも大きな特徴は、新たに小間に加えて「鎖の間《くさりのま》」を併用する形式を定形化したことであろう。すでに織部が試みていたことであるが、遠州はこれを定形化していった。「鎖の間」ではそれまでの形式を離れて、床には二幅対や三幅対の掛物、付書院には香炉・歌巻・文房具などを飾り付けている。かつて室町時代の中ごろに将軍家の同朋らによって形式化された書院飾りを彷彿《ほうふつ》とさせるものがあった。これにあわせたように「鎖の間」自体の造作もかなり装飾的であったとされており、小間とはまったく違った雰囲気のなかで茶会が繰り広げられたのである。

中興名物

遠州がこれらの茶会で新たに使いはじめたのが、「中興名物」とよばれる茶道具の数々である。それまで茶道具の名物としては「大名物《おおめいぶつ》」「名物」などとよばれるものがあった。「大名物」はおおよそ足利将軍家に伝わった茶道具で、八代将軍の足利義政《よしまさ》代ころから市中に流出しはじめるところから義政の山荘「東山山荘」に因んで「東山御物《ごもつ》」ともよばれる。その後、千利休らによって新たに選定されたものが「名物」だったといわれるのだが、選定に確固たる基準があったわけではなく、むしろ長い時間をかけて徐々に合意を得るなかで認識されていった、といったほうがよいだろう。大部分が「唐物《からもの》」とよばれる中国宋・元代の美術工芸で、わが国に輸入された後に長年、伝存した優品ばかりである。

これらについで認識されたのが「中興名物」だった。小堀遠州の所蔵品目録に記載されているものをおおむね「中興名物」としている。中興名物の特徴は大名物や名物とは違って唐物の数は少なく、多くが「和物《わもの》」とよばれる日本人による絵画や墨跡、焼物類だったのである。大部分が小堀遠州というただ一人の大名によって選び出されていた。

遠州の茶風は「きれいさび」だといわれる。その内容はおそらく以上のようなものだっただろう。利休のように緊張感あふれるわけではなく、織部のようにそれから一歩踏み出しはじめたものでもなかったから、遠州の茶は大名たちにも自然に受け入れられていったといえよう。換言すれば、遠州の「きれいさび」とは、優雅で誰にもさほど違和感を抱かせないものだった。これこそ、江戸大名たちにとって望ましい茶の湯の姿だったのかもしれない。

朝廷・公家の茶の湯

秀吉・利休時代の禁中・公家の茶

朝廷・公家の世界で茶の湯が受け入れられたのは、武家に比べると一時代遅れる。おそらく、茶の湯が武家や商人たちを中心にして作り上げられ広まっていったという経緯からも、公家の世界とは無縁なものと考えられていたことによるのであろう。また公家の世界には詩歌管絃という伝統的な文化がすっかり定着していたから、いまさら新たに茶の湯を受け入れる必要も感じなかったのかもしれない。

それはともかくとして、茶の湯は徐々にではあるが公家の世界に広まっていった。一つには秀吉による禁中献茶がきっかけになったであろう。京都吉田神社の神主で公卿に連なっていた吉田兼見《かねみ》は、すでに天正五年（一五七七）には茶会を開いている（『天王寺屋会記』）し、大納言勧修寺《かじゆうじ》晴豊などはそれまでの四畳半茶室を三畳敷に改築している（『兼見卿記』）。しかしながら公家社会全体に広まったわけではなく、茶の湯を嗜《たしな》んでいたのは一部にとどまっていたのである。

後水尾院の茶会

では江戸時代はじめの天皇や院の茶とはどのようなものだったのだろうか。後水尾院《ごみずのおいん》の仙洞《せんとう》御所での茶の様子を『隔蓂記《かくめいき》』からみてみよう。

鹿苑院《ろくおんいん》（金閣寺）の住職を務めた鳳林《ほうりん》承章《しようしよう》は公家勧修寺晴豊の第六子、叔母の新上東門院は後陽成天皇の母にあたる人物であった。そのような公家の出だけに貴顕との付き合いも広く、かつ趣味の広い人物でもあったようだ。われわれにとってありがたいのは、筆まめで長年にわたって『隔蓂記』という日記を書き綴っていたことだ。この日記からは当時の世相を覗き見ることができるのであるが、なかには鳳林承章が後水尾院の口切茶会に招かれた記事も見えている。たとえば寛永十三年（一六三六）九月十八日条――。

院の御所に招かれた鳳林承章は茶屋に招き入れられた。客は、後陽成天皇の第二皇子で近衛家を継いでいた信尋《のぶひろ》、同第六皇子で妙法院門跡となった堯然《ぎようねん》法親王などと、大納言四辻季継《よつつじすえつぐ》、前大納言中院通村《なかのいんみちむら》、中納言飛鳥井《あすかい》雅宣、中納言滋野井季吉《しげのいすえよし》、参議姉小路公景《あねがこうじきんかげ》、

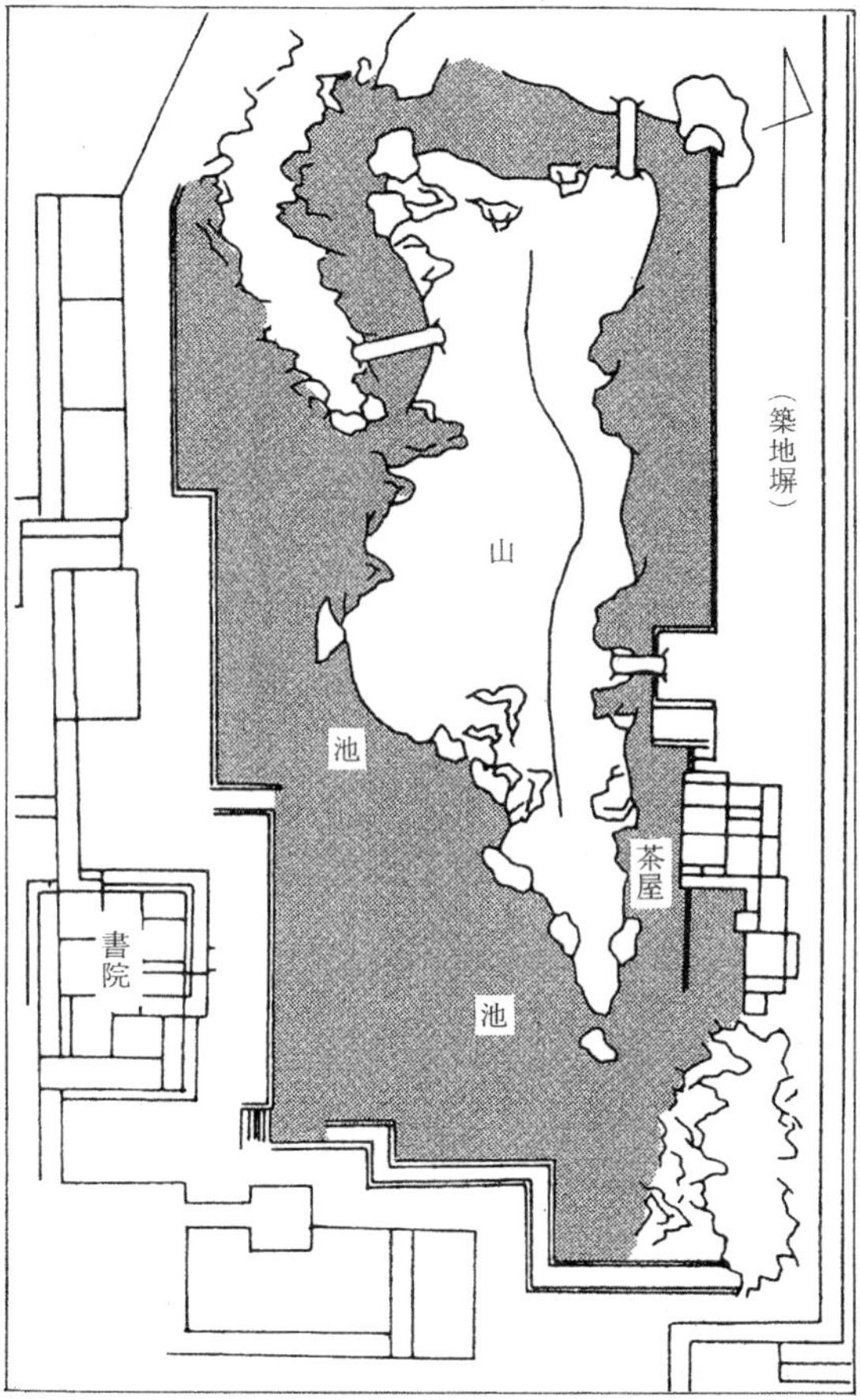

図16　後水尾院御所見取図

表4　現存する天皇・公家の茶室

席名	場所	間取	時代	作者
稲荷大社御茶屋	伏見稲荷大社	七畳・八畳	江戸初期	伝後水尾院
恵観山荘茶屋	鎌倉(元京都)	長四畳・六畳・三畳	〃	一条昭良(恵観)
隣雲亭	修学院離宮	六畳・三畳	〃	後水尾院
燈心亭	水無瀬神宮	三畳台目	〃	伝後水尾院
醒花亭	仙洞御所	四畳半	江戸中期	伝霊元院
飛濤亭	仁和寺	四畳半	江戸後期	光格天皇
捨翠亭	京都御苑旧九条邸	三畳・十畳	〃	不詳
聴雪	京都御所	四畳半・四畳半・三畳	〃	孝明天皇

同小川坊城俊完などである。この日の茶会の場となったのは御所の東の端に面した書院。座敷飾は床に牧谿《もっけい》筆の「寒山拾得《かんざんじっとく》」と「竜」「虎」の三幅対、前には三具足が置かれていた。付《つけ》書院には盆石や印籠などの文房具、違棚《ちがいだな》には大香炉、古筆などが飾られていた。

この飾りを担当したのは池坊専好《いけのぼうせんこう》であった。当時は茶の湯に劣らず立花《りっか》も盛んであったから、専好も院のお気に入りの人物だったのだろう。それゆえ飾りを担当していたようだ。おそらく書院で振舞い（料理）があったのだろう。

次に書院の東にある池を渡ったところに建てられていた茶屋に移る。茶屋は池に面して建てられた数室からなるもので、一部は京都伏見稲荷大社に現存する「御茶屋」として残るものではないかと推測されている。床には癡絶道冲《ちぜつどうちゅう》の賛がある布袋《ほてい》図が懸けられていた。棚には染付の香炉が飾られている。ここでは勧修寺経広が亭主の後水尾院に代わって点茶を行なっている。三種点とあるから三種類の抹茶が順次点《た》てられたようだ。これが終わると遊宴。月が昇るころ、池の中島に座を移して遊宴。舟に乗って池中で乱酔。さらに庭で「小女之躍」を見物して会は終わっている。

この会では広間で振舞い、さらに茶屋に席を移して三種の抹茶が点てられ、そのうえ歌舞音曲が行なわれている。利休が進めたわび茶のあり方とはかなり相違している。いわば利休以前、室町時代中ごろにおける茶の湯の場に似通った雰囲気をもっている。

黄金の茶道具

さらにもう一例、後水尾院の茶の様子をみておこう。このときの参客は御室仁和寺の覚深法親王、二条康道、伏見宮貞清親王、西園寺公益、日野弘資、西洞院時直ら。はじめに振舞い（料理）があり、その後に点茶、さらに「歌吹六番」があり、粥・吸物・酒がでて会が終わっている。注目すべきはその道具で、「風炉釜・下水・水指・茶入・皆黄金□銀也」とある点だ。点茶に使われた台子《だいす》一式が金・銀で作られていたということだろうか。

わずか二例だけをみても江戸時代の禁中における茶は、わび茶とはかなり違っていた様子を知ることができよう。後水尾院のみならずこの時期の公家の茶会をみると、規模の違いこそあれ同じような会が催されていることに気がつく。公家社会の茶の様子は利休のわび茶以前のスタイルが中心だったことがわかる。しかし、それだけではなかった。たとえば天台宗の門跡寺院である妙法院の常胤《じょういん》法親王は、「天下ノ数奇ニテ名物共多ク、路地モ囲居モ織部ノ物数奇ナリ」（『槐記《かいき》』）と記されているから、古田織部の茶風を受けていたことを知ることができる。そのほかにも千宗旦や金森宗和らの茶風を受けた人物も見られるから、この時期にはさまざまな茶風が混在していたと考えてよいだろう。

ところがこれを統合して一定の形式を作り出そうとするいく人かの人物が現われる。近衛尚嗣《このえひさつぐ》などはその一人としてよいであろう。織部や遠州、有楽、宗旦らの茶について研究を重ねていたことが知られるからである。さらにもう一人、常修院宮慈胤《じいん》法親王を加えてもよい。常修院は後陽成院の第十三皇子として元和三年（一六一七）に生まれている。幼少にして京都大原の三千院に入り、長じて天《てん》台座主《だいざす》を務めている。茶の湯をどのように学んだのかはっきりしないが、織部や宗和、宗

常修院宮慈胤法親王

旦などの茶を参考にしたようだ。これらのうちで自らの美意識にかなう部分を取り込み、それまでの公家の茶とは違ったスタイルを作り上げたのである。

常修院の茶会

この常修院が行なった茶会を見てみよう。延宝九年（一六八一）七月一日の会。すでに六十歳を過ぎた年齢に達している。客は奈良興福寺一乗院の門跡である三菩提院宮真敬法親王一人。真敬法親王は後水尾天皇の第十二皇子として生まれているから、常修院とは縁戚関係にあたる。この日真敬法親王は常修院邸を訪ね、竹の花入の切り方などを聞いた後、夕食を終え茶室に入っている。道具は糸目釜、仁和寺焼の水指、棗《なつめ》など。会が終わって常修院から茶杓を贈られている。

常修院晩年の茶会を併せてみておこう。元禄二年（一六八九）正月二十七日の会。常修院すでに七十歳を超している。客は先の真敬法親王ら三人。小座敷では妙法院宮筆の「みみづくの絵」、白雁香合、雲耳の釜などが飾られて料理。後座にはふくべの花入、御室焼水指、御室焼耳付茶入、金森宗和作茶杓、新渡茶碗などで茶を振舞われていた。この会では小座敷ばかりではなく、書院に場を移して音曲が行なわれていた。晩年の茶会でも、先の後水尾院の会と同様に、小座敷だけで一会が終始することはあまりなかったのである。

常修院の茶会を二会だけ取り上げたのだが、他の茶会をも含めて特徴とも思えるものを抽出してみよう。その一つは小座敷での会を中心としながらも、書院に場を移して会を続ける場合が多いことで、これはすでにみたとおりである。掛物をみると勅筆や古筆など公家文化を代表するものが多い。これに対して他の茶道具、すなわち水指や茶入・茶碗などは御室焼（仁和寺焼）・粟田口焼・音羽焼などの京焼、ほど遠からぬ時期に中国から伝わったもの（新渡）など、比較的新しい陶磁器が主体だ。さらに自らの美意識で造り出した焼物（御室焼・粟田口焼・音羽焼などの一部）も数多くみられるのである。

茶法の伝授　この常修院で注目されるのは、点茶法の伝授のみならず、茶の湯に関するさまざまな伝授が行なわれていたことだ。点茶法については延宝七年（一六七九）には「於鎖之間御茶童拝見、真敬モ茶童、台天目ノ作法御相伝也」（『三菩提院宮日次記』）とみえ、まず常修院が台天目の点前を行ない、真敬法親王が続いて点前するかたちで作法が伝授された様子が知られる。このほかにも「花入」「茶杓」「羽箒」「盆石砂打様」「風炉切形」「囲、座敷指図」などや「表具取合色之事」なども相伝されている。とくに掛物は重視されていたから、表具の色の取り合わせは重大事であった。「以外秘事也、密々御相伝、可秘々々」と記しているのもうなずける。

常修院は自ら茶会を行ない、花入や茶杓を作り、さらに御室焼や音羽焼で好みの茶陶を造り出し、一方では真敬法親王に茶の湯の伝授を行なうという活躍ぶりであった。おそらく確たるスタイルを持たなかった禁裏・公家の世界の茶の湯に一定の形式を作り上げようとしていたのであろう。さらに伝授を行なっていたことは、すでに一定のスタイルが作り上げられていたことを推測させる。さきにみたように後水尾院の御所では遊宴をともなった茶の会が行なわれていたから、常修院はいち早く公家の世界における新たな茶のスタイルを作り上げようとしていた人物だったのだ。

茶の湯の展開

大名茶道の展開

片桐石州

石州《せきしゅう》こと片桐石見守貞昌《いわみのかみさだまさ》は、貞隆の子として慶長十年（一六〇五）摂津茨木で生まれている。幼名は鶴千代。父の貞隆は秀吉の下で勇名を馳せた片桐且元《かつもと》の弟にあたる。寛永元年（一六二四）には従五位下石見守に任官、寛永四年（一六二七）には父の遺領一万四六〇〇石を継いで大和小泉の藩主となっている。石州の茶の湯の師は桑山宗仙《そうせん》だといわれている。この宗仙は利休の子である千道安《せんのどうあん》に茶の湯を学んだ人物であったから、小堀遠州《こぼりえんしゅう》とは異なって利休から道安を経て宗仙に伝わったわび茶を学んでいたことになる。石州の茶がわび茶の色彩を色濃くもっているのも、この茶系ゆえのことだったろう。

知恩院再建奉行

寛永十年（一六三三）正月、京都知恩院が炎上する。知恩院は徳川家康の母（伝通院《でんつういん》）を弔う徳川将軍家菩提寺《ぼだいじ》の一つだったから、再建は幕府にとっても重大事であった。この年の四月には石州や堀田一利らが再建奉行に任じられ、石州は知恩院が完成する寛永十八年までの期間、京都綾小路柳馬場に屋敷を構えて千《せんの》宗旦《そうたん》や小堀遠州らと交流を繰り返したのである。知恩院の再建は石州にとって茶の湯を研鑽する絶好の機会でもあったわけだ。

石州の茶会がはじめて記録にあらわれるのは、寛永十一年正月十七日のことである。前年六月十九日には京都に到着しているから、再建準備も一段落して小泉で小暇を得た折のことだったのだろうか。小泉での茶会は室床の付いた三畳で行なわれている。掛物は桑山宗仙の表具になる大徳寺僧春屋宗園の墨跡、瓢《ふくべ》の炭斗《すみとり》、小倉焼の水指、瀬戸肩衝《かたつき》、そして黒高麗の茶碗などであった。

石州は、茶の湯の研鑽と同時に玉室宗珀《ぎょくしつそうはく》について禅の修業も行なっていたようだ。今も大徳寺芳春院に残る石州木像の笏《しゃく》によれば、寛永十五年四月には玉室宗珀に参じて「万里一条鉄」の公案を透過し、「三叔宗関《さんしゅくそうかん》」の号を与えられていたことが知られる。後に自領小泉に玉室の法嗣である玉舟宗播《ぎょくしゅうそうばん》を迎えて慈光院を建立していることをみても、いか

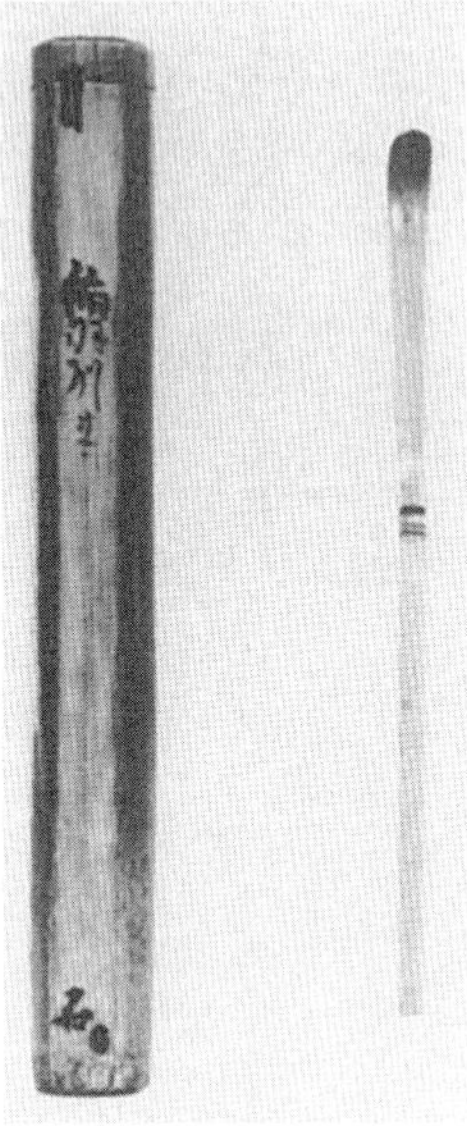

図17　石州作の茶杓
（東京国立博物館蔵）

に禅に傾倒したかを知ることができよう。

石州の茶会

知恩院再建を成し遂げた石州は、幕府の郡奉行、普請奉行を務める傍ら茶の湯を深化させていく。四十代から五十代後半にかけての石州の茶会から、その特徴ともいうべきものをみておくことにしよう。まず四十代の茶会での特徴は、小座敷では道庫《どうこ》を使い、後に書院に場を移して茶会を続けていること。茶道具としては信楽焼の水指や聚楽焼の黒茶碗、黒高麗茶碗が、茶杓《ちゃしゃく》には利休・道安・桑山宗仙などのものが使われている。とくにわび茶の茶碗とされる黒楽茶碗や利休・道安らの茶杓を使っている点は注目される。楽茶碗（聚楽焼）は利休の茶の湯を象徴するもので、それまでの大名系統の茶ではほとんど使われなかったものだ。大名茶人であった石州がこれを使うこと自体が異例だが、石州自作の楽茶碗も数碗残されている。さらに玉舟の紹介で千宗旦とも交流(『元伯宗旦文書』)しているので、このような機会にわび茶の考え方を学んだのではあるまいか。

将軍家綱への献茶

寛文五年(一六六五)十一月八日、石州は四代将軍徳川家綱に献茶を行なう。将軍を頂点とする武家社会で、そのトップに立つ将軍への献茶は大名茶道における指導者としての立場を公認されたことに等しい。幕府の正史たる『徳川実紀』は、「当時この道の宗匠にて、尤《もつとも》その名高く、今の世にも石州流とてその門徒猶《なお》多し、上にも先代より常に茶事に御遊びおはしければ、かかる事もままあそばしけるなるべし」と記していた。

当日はまず石州が茶室の飾付けを行なった後に将軍が入席、続いて酒井忠清・安部忠秋・稲葉正則・久世広之らの側近が勝手口から入って着座、席が定まったのち、石州が点茶を行なっている。『寛文録』によればこの折の道具は無準師範《ぶじゅんしばん》の墨跡「的雲《てきうん》」(異本では無準師範の「帰雲」)、砧《きぬた》青磁花入に寒菊、織部の筋釜、縄簾の水指、茶入は若狭盆に乗った「四聖坊」、新門割高台茶碗、小堀遠州作の茶杓などであった。将軍家の所蔵品を中心とした道具組だが、織部所持の釜や遠州作の茶杓など、大名茶道の創造に関わりをもった人物にちなむ道具が使われているのも注目される。

小堀遠州後の「将軍家茶道師範」と目された石州の茶とはこのようなものだったが、茶の湯に関する考え方はどうだったのだろうか。

石州の茶論

石州の著作とされる「石州わびの文《ふみ》」や「一畳半の伝」などを繙《ひもと》いてみよう。石州は瓢になぞらえて「人作《じんさく》の及ばぬ」数奇の本意を見出すことこそ茶の湯であり、「心を楽しむ数奇者こそ誠の数奇者とは云うべけれ」としていた。さらに理想とする道具組は「炭斗ふくべ、墨跡、茶入黒塗棗《なつめ》、茶碗楽焼、花入竹の筒」（「石州わびの文」）とするし、「一畳半の伝」では床なし茶室に紙表具・竹軸の掛物、黒塗茶杓、白高麗か赤楽の割れを繕った茶碗で、料理の一汁三菜がよく、人為的なわびを廃して「天作《てんさく》のわび」を求めるべきことを説いていた。

こうみると石州の茶は、わび茶を究極まで追求しようとした千宗旦の姿さえ想像させる。明るく優美な茶風であった遠州の茶を象徴する「きれいさび」とはほど遠く、利休らのわび茶に近い考え方をもっていたようだ。

石州流の展開

では、石州が茶の湯の歴史のうえで果たした役割とはどのようなものだったのだろうか。もちろん優秀な点茶技術をもっていただけではない。

図18　石州の主要な門下と諸派

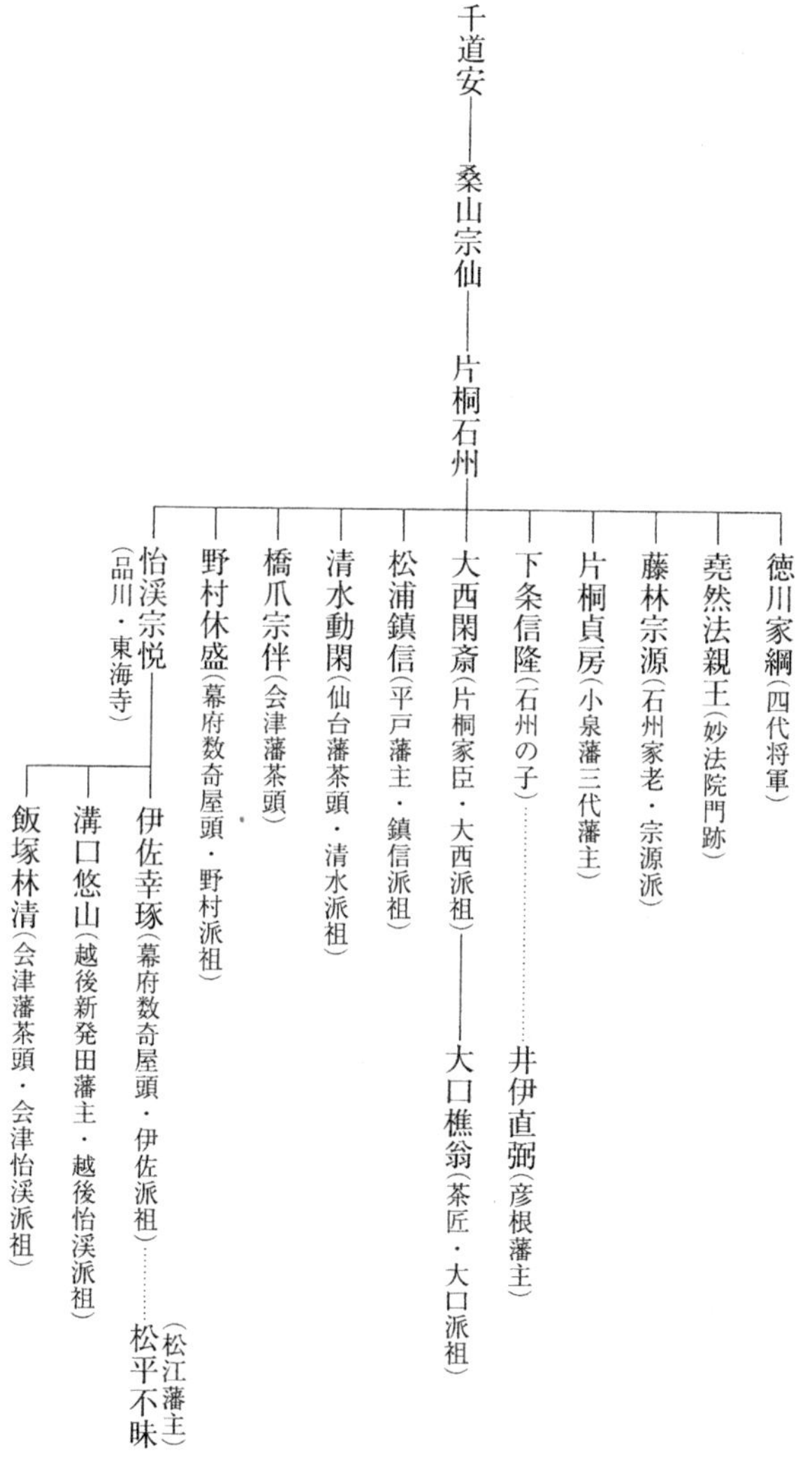

実務レベルで点茶に優れた人物は別にもみることができるからだ。慶長六年（一六〇一）に徳川家康に召し出されて「御茶道頭」となった中野笑雲、二代将軍秀忠に仕えた原田維利《これとし》などがこれにあたるし、諸藩にも同様の茶道役があらわれている。

これら茶道役は古田織部・小堀遠州・片桐石州らと同時代に活動を行なっていた。おのずから役割が異なっていたからであろう。これまでみてきたように、織部・遠州・石州ら「将軍家茶道師範」とよばれた人々は、点茶方式のみならず新たな茶道具や茶室などを考案し、それぞれの時代に応じた茶の湯のスタイルを作り上げることに努めたのだ。将軍への献茶はその公認を意味していたのだろう。茶道役たちはこれを受け止め、点茶の実務をもって参仕していたのである。

石州が将軍への献茶を果たしたがゆえに、諸大名たちもこれを積極的に受け入れはじめる。具体的には肥前平戸藩主松浦鎮信《しげのぶ》、幕府数寄屋頭の四代野村休盛《きゅうせい》、先代伊達家茶道役清水道閑ら、さらに石州門下で品川東海寺の怡渓宗悦《いけいそうえつ》からは幕府数寄屋頭の伊佐幸琢《こうたく》、越後新発田《しばた》藩主溝口悠山、会津藩茶道役の橋爪宗伴・飯塚林清らが代表的な人物たちだ。石州の茶の湯はこれらの人物たちによって全国に波及していったのである。

石州の門下からは多くの逸材が輩出し、新たな分派を作り出していった。石州の家老藤林宗源の石州流宗源派、品川東海寺の僧怡渓宗悦の怡渓派、石州家臣の大西閑斎がはじめた大西派などである（西山松之助『家元の研究』）。なぜ石州流がこのように分派を生み出したのかは西山氏の研究に詳しい。ここではもう一人、大口樵翁《おおぐちしょうおう》の場合をみてみよう。

大口樵翁――女性のための茶の湯

大口樵翁（一六八九～一七六四）は、はじめ石州の家臣であった大西閑斎に茶の湯を学ぶ。閑斎宗順は万治二年（一六五九）に七石一人扶持で石州に召し出され貞房代まで小泉藩に仕えた人物である。この閑斎の女婿となり大坂で茶の湯を教授して大口派とよばれる一派を創出したのが樵翁であった。一派の創出に際しては相伝された台子の点茶法に一部改良を加えたともいわれるが（野村瑞典『定本　石州流』）、完全相伝制をとっていた石州流のあり方からすれば、ある意味では当然のことだったかもしれない。

樵翁の茶の湯のうえでの著作も多い。利休百五十年忌の元文五年（一七四〇）には折あしく江戸に下向していたため追善茶会を行なうことができず、これに代えて「茶道の往昔とかわりたる」あらましを記した『旅窓寸紙』、茶事のあらましを記す『交会平点規範』のほか『渓鼠余談』『逆流玄談』『茶湯書』『蓋置之書』、さらにここで取り上げようとする

『刀自之袂《とじのたもと》』などである。樵翁の著作が体系的に研究されたことはほとんどなかったから精査すればもっとその数はふえるであろう。

さて、『刀自之袂《とじのたもと》』は、樵翁による茶の湯を嗜《たしな》む女性のためのテキストである。公刊こそされなかったが比較的写本も多く、それなりの内容を持った書物だったから茶道界への影響も無視できないものがある。

『刀自之袂』

執筆の動機は、享保六年（一七二一）、越後からの客人との茶話に「女の茶たつる御方」にふれた茶書はないようだが、と尋ねられたことによるようだ。私はこの執筆の動機自体に興味を引かれる。茶の湯に名を残す女性は少ないながら古くからあった。利休の妻の宗恩などはその好例だろう。彼女らは特別な規式などなくとも支障なく茶の湯にいそしんでいたのだから、元来はそのような必要もなかったのだろう。しかしながら江戸時代に入ると茶の湯が教養や礼儀作法の面からも評価されるようになり、武家や豪商などの妻子が嗜むべきものの一つとして認識されるようになっていた。とくに元禄期以降はその傾向が強い。

「男女七歳にして席を同じうせず」であろうか、男女が小さな茶席に同席する場合、「一客一亭」の方式（茶事形式の一つで、一人だけの客を招く会）、「夜咄《よばなし》」（これも茶事形式の一って、夜中に行なわれる会）などを行なうこともある茶の湯には、ある種の危惧がもたれるようになったのだろう。これらの危惧がどの程度現実的なものだったのかは不明だが、茶道人口の増大にともなって茶匠たちには対応が迫られはじめたのではないか。その意味では樵翁はいち早く反応を示した茶匠の一人だったといえる。

『刀自之袂』の構成

まず『刀自之袂』の構成をみておこう。乾《けん》・坤《こん》二巻からなるこの書は、四畳、台目、逆勝手、向切、隅炉、台子などにかかわる点前および茶事の順序、種類について述べている。樵翁は著述に際してさまざまな茶書を参考にしていた。藪内竹心『茶道朱紫』、大心義統『茶祖伝』、久須見疎安『茶話指月集』のほか、『喫茶活法』や古田織部、織田有楽、細川三斎らの著作をも参照していた。樵翁の茶道研究の熱意のなせるわざだったのかもしれない。

では対応はどのようなものだったのか、『刀自之袂』を読み進めてみよう。樵翁はまず女性も古くから茶の湯を嗜んでおり、その「閑情《かんじょう》」（しずかなこころ）がないとするのは間違っている、とする。その証拠として、さきの宗恩や、蒔絵で装飾された茶道具などを挙げ、これらの茶道具は女性のために作り出されたものだという。

次に女性が茶の湯に接する時はどうしたらよいのかを説く。「婦人の茶事は物たらぬさまこそ、あらまほしけれ」「女のまめやかに物しりたるふるまひ、いと見にくきわざなれ」と記すように、あくまで目立たぬ所作が必要だとするが、具体的には「婦人の茶たつるは幾度も座敷を立ち道具をはこびてたつるさまあしかるべし」とする。

濃茶《こいちゃ》の飲みまわしに際しては「婦人は呑口をふくに手にてはあしかるべし……婦人の男子たるものに手渡しする事有べからず」とするし、茶事では「婦人老若ともに男たるもの一人呼ぶべからず、おのこも又婦人ひとりは呼ぶべからず」戒めていた。

これらをみるかぎり、樵翁が『刀自之袂』で説いたのは道徳律であって茶の湯における新たな考え方ではなかった。「茶事に心をよする婦人は、したてつくろひかざらず、おのづからなる品こそあらまほしけれ、少しの事も人にうたがはれ、きらはしく思はれぬようにあるは茶事はうとくとも、則《すなわち》茶の道に叶《かな》ひ侍《はべ》るものなるべかりける」と述べるのも同様だ。樵翁は女性には「閑情」がないから茶を嗜むべきではない、という考え方を打破し、茶の湯の所作は通例に従うが無用の誤解をさけるために行動を慎もう、と述べていた。

樵翁の『刀自之袂』は実際的であっただけに、とくに大きな反響を呼ぶものではなかったようだが、樵翁が大坂という商都を基盤として茶の湯を伝授していくうえでは女性と茶の湯の関係は避けて通れぬ課題であっただろう。樵翁の現実を直視した茶の湯の変革は、すでに避けて通ることのできぬ時代がさしせまっていたことを推測させる。しかしながら、茶匠たちがこれに対応しはじめるには今すこし時間が必要であった。樵翁はいち早くこれに対応しようとした希有《けう》な茶匠の一人だったといえる。

宗旦の後嗣たち

江戸時代の中ごろには世情も安定し、これにともなう町人層の台頭、さらに利休百回忌をむかえて茶の湯を嗜《たしな》む人々は京都のみならず各地で一挙に拡大していった。これに対処したのが宗旦《そうたん》の三人の子息と宗旦門下の藤村庸軒《ふじむらようけん》・杉木普斎《すぎきふさい》・山田宗徧《そうへん》らの高弟たちであった。その対応はさまざまであったのだが、彼らの活動をみるなかで、この時代の茶の湯の様子を追ってみよう。

三千家の分立

江戸時代の初頭に利休の後継者として千家の茶の湯を担った千宗旦《せんそうたん》にはいく人かの男児があった。閑翁宗拙《かんおうそうせつ》、一翁宗守《いちおうそうしゅ》、江岑宗左《こうしんそうさ》、仙叟宗室《せんそうそうしつ》である。長男の閑翁宗拙は幕府の医官でもあった武田道安らの口利きで紀州徳川家に仕官の糸口を得るが、結局はうまく運ばず、浪々の身となり京都西賀茂の正伝寺に隠棲することになる。残った一翁・江岑・仙叟の三人が宗旦の茶を継いで茶家として独立する。利休の血脈を引く三家が並立するのである。利休から少庵・宗旦を経た茶の湯は、この三家によって一挙に展開するのである。

一翁宗守

一翁宗守は宗旦の次男として、文禄二年（一五九三）に生まれている。長じて京都の塗師《ぬし》吉岡家の養子となり甚右衛門と名乗って塗師としての生活に入る。しかし茶道への念やみ難く、五十七、八歳の慶安二、三年（一六四九、五〇）ごろには大徳寺の玉舟宗播《ぎょくしゅうそうばん》から宗守の号を与えられ、ついには吉岡家を娘婿に譲って茶人として独立することとなる。その間の事情は、鳳林承章《ほうりんしょうしょう》の日記『隔蓂記《かくめいき》』に詳しい。それによれば、万治二年（一六五九）には千宗守の名を名乗っていたことが知られるので、このころまでには茶家への復帰を果たしたのだろう。さらに寛文五、六年（一六六五、六）ころには四国高松の松平家に仕官を果たす。

しかしながら一翁の仕官は、高齢のゆえか数年で終了したようで、致仕後は吉岡家の隣接地に居所を構え、茶室「官休庵」を営んでいる。官休庵とは文字通り「官の勤めを休む」の意味で高松藩の茶道役を引退した由を公表した旨の命名であったとされている。一翁による茶室「官休庵」は一畳台目の広さで、利休や宗旦が創案した茶室の広さと同じだが、点前座の台目畳と客座一畳の間に細長い板を挟み込み、視覚的にも広さを感じさせる構成を取っている。利休のわび茶の考え方を踏襲しながら、時代に合わせた作為を行なっていたといえよう。

江岑宗左の仕官

宗旦の三男、江岑《こうしん》も父の勧めもあって仕官を模索する。しかし、その道は容易なものではなかった。宗旦は大徳寺の玉室宗珀らの伝手《つて》を辿《たど》って江岑の仕官先を手当てしている。その経過を宗旦が息子たちに送った手紙を集めた『元伯宗旦文書』や「江岑宗左伝」（『江岑宗左茶書』）などからみることにしよう。

まず仕官したのは肥前（佐賀県）唐津一二万石の大名寺沢家であった。寛永十年（一六三三）のことである。「宗受」と号した江岑を宗旦はなにくれとなく援助するが、いかんせん唐津は京都から遠すぎた。幸か不幸か寺沢家はキリシタンの弾圧に耐えかねて蜂起した「島原の乱」に遭遇し、その処理を誤って改易の憂き目に遭い、寛永十五年ごろには浪々の身となってしまう。

寛永十六年にいたって再び仕官が実現したのが、四国讃岐一七万石の生駒家であった。ここでは「宗佐」と名乗っている。宗旦はともかくも京都に近い所を、と考えていたらしく、その意味では肥前唐津よりも条件はよかったようだ。しかし、同年この生駒家も家中の騒乱によって減封《げんぽう》となり、またしても仕官先を失ってしまう。

しかしながら、次のチャンスは意外にも早くめぐってきた。寛永十八年には柳生宗矩《やぎゅうむねのり》や沢庵宗彭《たくあんそうほう》らの尽力によって紀州徳川家への仕官の話が持ち上がったのである。はやくも翌年二月には江戸屋敷で藩主への拝謁を済ませている。この仕官の成就に宗旦は小躍りして喜んでいる。なによりも京都に近いというのが気にいったようだ。江岑は三度目にして仕官先を確保したのだ。藩主徳川頼宣は「利休の孫で千宗佐という茶道の達人だ」と周囲に紹介したという。

紀州では茶道頭（のち数寄屋頭）として二〇〇石を給せられ、茶事指南、数寄屋関係全般、座敷飾りなどにたずさわったが（『南紀徳川史』）、なかでも注目されるのは「京住を免され御茶事御指南役たり」とあることだ。紀州に常住するのではなく京都と紀州を往復していたのである。このような出仕法は、ながく利休の茶の湯を京都に伝えることになったのである。

仙叟宗室と加賀

江岑に続いて仕官したのが仙叟宗室《せんそうそうしつ》であった。すでに隠居していた宗旦ではあったが、なおわび茶の深化を進めていたから、その茶を継いだ仙叟は宗旦最晩年のもっともわびた茶風を身につけていたといえよう。

この仙叟も宗旦の尽力によって仕官を果たすことになる。加賀藩家老で文化面にも造詣《ぞうけい》が深かった本多安房守への仕官も検討されたようだが、承応元年（一六五二）ごろには加賀藩三代藩主であった前田利常《としつね》への仕官が実現している。

加賀では小松城にあった前田利常に仕え、城内三の丸に屋敷を構えて茶の湯を司ったのだが、万治元年（一六五八）に利常が没すると、続けて前田綱紀《つなのり》に仕えて金沢に移転する。金沢では茶室「臘月庵《ろうげつ》」を構え、茶道茶具奉行の傍ら茶会を行なっている。寛文八年（一六六八）からはじめた仙叟の茶会を記した『加州金沢住居口切客之覚』によれば、加賀藩の主だった武士のみならず儒学者・茶道役・町人らが招かれており、活動の一端が知られる。

仙叟の加賀での活動を示すのが大樋《おおひ》長左衛門による作陶や宮崎彦四郎寒雉《かんち》による茶の湯釜の鋳造であろう。長左衛門ははじめ京都に住していたのだが、仙叟と同道して金沢に下向。独自のデザインと飴釉《あめゆう》を駆使して多くの茶道具を造り出している。名物の川海老を取り込んだデザインや大きめの取手を付けた水指などは加賀における茶風を反映した作品だったであろう。

釜師寒雉の作品も長左衛門と共通する趣をもっている。「焼飯釜」は握り飯形の三角の胴に琴柱《ことじ》形と松茸形の鐶付《かんつき》をもつ変わった釜であるが、この釜を収めた箱には「貞享《じようきよう》二年仲秋の頃にや有《あり》けん、仙叟、寒雉両居士《こじ》秋色のおかしきにめて、卯辰《うたつ》なる茶臼山に茸《きのこ》狩《がり》し、とある松陰により腰なる焼飯を解かんとす、仙叟誤って取落す、秋の草葉のへばり付き、ころころと焼飯は谷へ落たりけり、両士頻《しき》りに打笑ひ、此日の設《もうけ》は是也《これなり》、と打つれて宿に帰る、四五日して寒雉此釜を鋳て仙叟へ送る、仙叟曰《いわ》く此形《このかたち》甚《はなはだ》奇也《きなり》、何事ぞ、寒雉答へて是《これ》や此程《このほど》落し給ふを己《おの》れ拾ひ得てかくはもてなし侍《はべ》る、と有《あり》ければ、仙叟歓《よろこび》の眉《まゆ》を開き、春秋これを愛せは飢える事なしと賞玩す、其《そ》の後仙叟京都へ帰る時、記念にと浅野屋涌仙へ送る云々」とあり、その経緯を記していた。

大樋焼、寒雉の釜は、後に仙叟が京都で好んだ茶道具とは一風変わった異風な物が多い。おそらくこれらは加賀における独自の気風に裏付けられたものだったのだろう。

宗旦の後嗣《こうし》たちが大名家への仕官をとげ、同時に京都における三つの茶家を分立させた意味は大きい。利休の故地である京都にその血脈を伝える家を置き、一方で大名家に連なることによってその茶の湯を各地に普及するといった働きを併せもつことになったからである。同様に宗旦門下からも各地に下向し時流に応じた活動をはじめる人物たちもあらわれる。そのいく人かの行動をみておこう。

藤村庸軒

藤村庸軒《ふじむらようけん》は慶長十八年（一六一三）の生まれ。その没年は元禄十二年（一六九九）だから八十六歳の長寿の人であった。時代は元禄文化とよばれる、町人による文化が花開いた時期にもあたっている。

さて庸軒は、京都の呉服商十二屋の当主で、利休や宗旦とも縁戚関係にある久田家の出身だといわれている。祖父の西翁宗徳は独力で京都黒谷金戒光明寺に西翁院という塔頭《たっちゅう》を開創しているので、すでに京都屈指の豪商となっていたのであろう。父賢翁宗佐の代には伊勢・伊賀三二万石の大名藤堂《とうどう》家出入りの呉服商になっていたのだが、寛永十三年（一六三六）没すると、その跡を継いで呉服商としての活動を行なうことになる。

当時の豪商たちの例にもれず庸軒も茶の湯を学んでいた。西洞院下立売に住んでいた関係ではじめは同じ町内の藪内家で茶を学んだという。さらに織部や宗和、遠州らの茶にも親しんだともいわれている。

正保二年（一六四五）、二十二歳の折、最晩年の小堀遠州の茶会に参加している（「正保二年十月廿一日朝小堀遠江殿御茶被下候《くだされそうろう》留書《とめがき》」）。この日は宗旦門下の儒学者で京都の文化人としても知られていた三宅亡羊《みやけぼうよう》、その子道乙、庸軒、田屋等意、香具屋播磨などと同道している。遠州はすでに大名茶道の第一人者であったから感激も一入《ひとしお》だったことだろう。詳細な茶会の記録ぶりからもそれをうかがうことができる。

その後、宗旦に茶の湯を学び、ついには皆伝《かいでん》を得るにいたっている。残念ながら十二屋当主時代の庸軒の茶会は数会しか知られていない（『江岑宗左茶書』）ので特徴を抽出するのは難しい。それらの会にはすべて宗旦が正客となっていたから交流のほどを推測することができるだろう。庸軒の茶会は現在知られるほとんどすべてが七十歳近い年齢、すなわち家業を後嗣に譲って以降のものだ。延宝九年（一六八一）三月二十一日の会を取り上げてみよう（「反古庵庸軒茶之湯之留書《ほごあんようけんちゃのゆのとめがき》」）。

庸軒の茶会記

この日は京都の豪商笹屋宗清、大文字屋権兵衛らを招いている。四畳半茶室には床（床の間）はなく壁を床に見立てて、ここには一休の墨跡が懸けられていた。点前座の奈良風炉には自在で釜が釣られている。炉ならばいざ知らず風炉に自在で釜を釣るのはいささか変わっているが、どうも庸軒独自の作為だったようだ。まず長次郎の赤楽茶碗銘「太郎坊」で茶が点《た》てられ、会席があって中立《なかだち》。後座には利休作の竹花入に先代萩と野菊が入れられている。濃茶《こいちゃ》は信楽水指、瀬戸茶入、茶碗は前茶に使った長次郎の「太郎坊」など。

わび茶の通例だとここで一会が終了するのだが、続けて書院に移って会が行なわれている。床には雪舟の絵と、その前に足利義政所持の「ねざめの卓」とその上に瀬戸焼獅子香炉、下に堆朱《ついしゅ》の盆に乗せた瓢箪形の香合。付《つけ》書院には硯箱《すずりばこ》などが飾られていた。一会が小座敷のみで終了するのではなく、書院に場を移して続けられているのである。

千利休は茶事の途中で場を移すことを戒めていた。緊張感が阻害されることを好まなかったからだ。当然、孫の宗旦もこれを受け継いでいたから、その宗旦に茶を学んで皆伝を得た庸軒のイメージとはほど遠い。むしろ織部や遠州らが行なっていた形式に近いだろう。

庸軒の茶道具

一方、茶道具はといえば利休や宗旦にゆかりをもつものが多い。庸軒はこれに自らの趣向を加えた新たな茶道具を考案している。小形の瓢《ひさご》に夕顔を描いた「回也香合《こうごう》」や、甲《こう》に金蒔絵《きんまきえ》で上品な桐文を描いた「凡鳥棗《ぼんちようなつめ》」などが代表的だ。その優美な姿は宗旦好みの茶道具とは明らかに異なった美意識に裏付けられている。自作の漢詩約三〇〇種を集めた『庸軒詩集』の出版に見られるような漢学趣味に支えられた一面もあったのだろう。わびの茶道具に自らの作為を加味し、大名系の茶会の形式をミックスしたかたちを取る姿こそが庸軒が作り出した新たな茶の湯の形式だったといえる。

庸軒で忘れてはならないのは、茶匠としての一面をも併せもっていたことであろう。さ

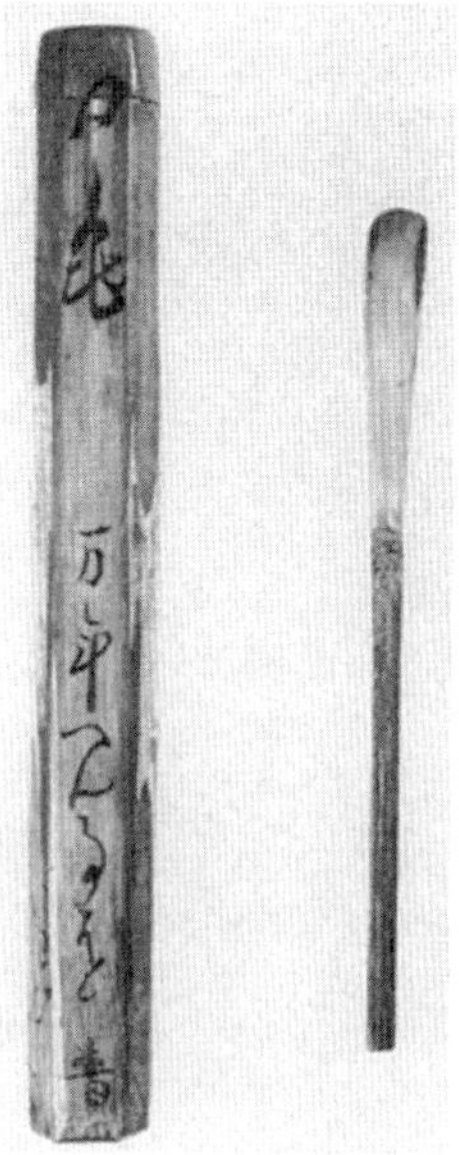

図19　普斎作の茶杓
（東京国立博物館蔵）

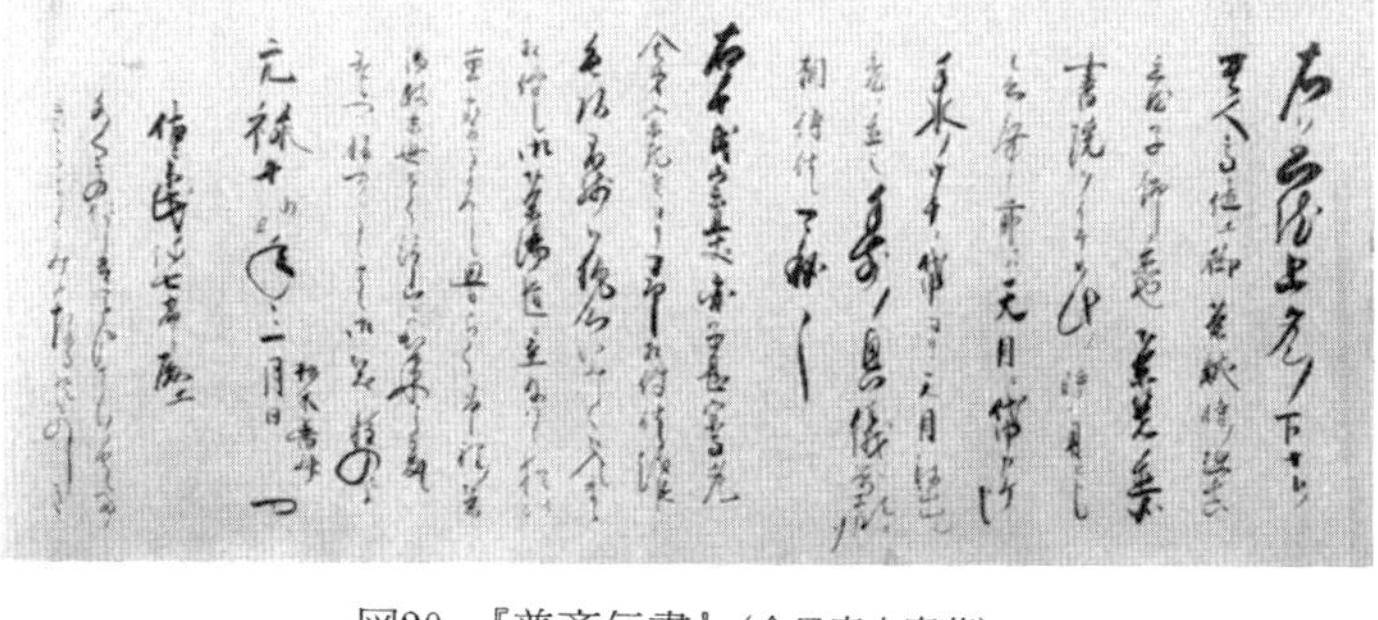

図20　『普斎伝書』（今日庵文庫蔵）

きにも述べたように呉服商としての十二屋は伊勢藤堂家に出入りしていたのだが、用務を重ねるうちに藤堂家二代藩主高次はその茶に注目し、茶頭井野口宗休を庸軒のもとに派遣して庸軒の茶を学ばせ、藩の流儀として取り入れられることになった。この茶系は長く藤堂家に伝えられ、庸軒流柳可派とよばれることになっている。そのほか、庸軒の子息たちも大坂や京都で茶を伝えている。庸軒は宗旦門下から新たな茶系を生み出したのである。

宗旦の門下には多くの茶の湯を嗜む人々がいた。犬山城主石川吉光の子で京都岡崎に住していた石川自安、丹後宮津城主で同じく京都岡崎の京極高広、茶匠となった松尾宗二らである。なかには後に特色ある伝授法をとった人物もあった。杉木普斎《すぎきふさい》はその一人である。

杉木普斎とその伝書

普斎は寛永五年（一六二八）の生まれ。家職は伊勢外宮《げくう》の御師《おんし》。当時、伊勢神宮は一般士庶の参詣を認めていなかったといわれる。そのため普斎のような御師の先導によって参詣するかたちをとっていた。これにともなって宿泊などの世話もしていたようだ。さらに御師はそれぞれの布教先をもっていた。杉木家の場合は大坂や兵庫県の網干《あぼし》などがその地であった。ここに大麻《たいま》（伊勢神宮で頒布する神符）や伊勢暦などを配布していたのである。

さて普斎は吉太夫を名乗って御師の仕事をはじめていたのだが、その途中に京都に立ち寄り、宗旦のもとで茶の湯を学ぶことになる。十五歳から三十歳ころまでのことである。この間、普斎は大徳寺の乾英宗簞に参禅し「普斎」の号を与えられている。宗旦に学んだ茶の湯を伊勢や師檀の地である播州網干などで伝授していったのである。

普斎伝書

普斎の活動を知る重要な手がかりとして自筆の茶道伝書がある。一〇巻程度にまとめられて伝授されたから「普斎十巻条」ともよばれている。ほぼ同時期に宗徧が『茶道便蒙鈔』や『茶道要録』を出版して茶道人口の増大に対応しようとしたのとは対照的だ。貞享《じょうきょう》四年（一六八七）までは伊勢周辺の人物たちに数巻ずつが与えられていったようだ。伝授の進捗《しんちょく》度に応じて与えられたのだろう。

ところが貞享四年に子息吉太郎に与えた伝書は、それまででは最大の一〇巻になっている。吉太郎に与えた「茶湯棚之飾置合習法」の奥書には「右の一巻、今度洛陽滞留の内、愚老存の旨有之《これあり》書付了《おわんぬ》、其方成長の後此道にたつさわりたらん時の重宝たるへし、親のかたみによし」とあり、還暦を迎えた普斎がいまだ年若い吉太郎に「親のかたみ」として伝書を残そうとしたのであった。もしそうであったならば、永年の修業で得たすべてを書き残さねばならなかったであろう。それまで記されることのなかった点前の伝書も、この吉太郎宛をもって嚆矢《こうし》とするのもうなずける。

表5　『普斎伝書』の構成

伝書名＼宛先	綿屋舎人文吉	綿屋次郎左衛門	山田大路元易	杉田幸佐	山田大路蔵人	杉木吉太郎	清水甚左衛門	佐々木弥四郎	佐々木一左衛門	佐々木久右衛門	阪其佐	橋村正長	加藤甚内	佐々木平兵衛	瓶子金右衛門	木穉居	佐々木弥七郎	森小四郎	不明
朝	○					※	※	○		※		※	※	○			△	※	※
昼						※	※	○		※		※	※				※	※	※
飯後		※	※				※	○		※		※	※	※			※		※
跡見		※	※				※	○		※				※			※		※
夜咄		※	※			※	※	○		※		※	※	○			※	※	※
台子風炉						○		○		△			※				○		
台子囲炉裏						○		○		△			※				○		
長板										△		○	※				○		
棚物						○		○	○	△			※				○		
四畳半置合																	○		
小座敷飾														○			○		○
小座敷置合													※	○					
物々習法						○						○	※						
物々寄書												○							
物寄書												○							
聞寄書																			○
掛物						○		※			○			○		○	○		
表具の寸法																			○
花生様			○	○				※		△				○			○		○
書院餝														○					○
数奇諸法度			○																
古織百ヵ条					○									○					
利休家之図												○			○				
釣棚の文					○	○													
不明																			○

注　○＝独立した一巻の伝書．※△＝同一記号の数種をまとめて一巻としたもの．

こののち普斎の伝書の多くは網干の灘屋佐々木一族に与えられていく。佐々木一族は廻船業を営んで名刹《めいさつ》竜門寺を開創するなど、豪商としても知られた一族であった。おそらく「師壇の因」(『普公茶話』)によるのだろう。

元禄十年(一六九七)に播州網干の佐々木弥七郎に与えた伝書を例にとれば、「台子風炉習法」「四畳半囲炉裏」「長板風炉囲炉裏棚之飾」「四畳半小座敷棚之飾」「利休小座敷置合ノ習法」「四畳半置合」「掛物懸巻習法」「茶湯花之生様」「朝茶湯習法」「昼茶湯習法」の一〇巻からなっていた。茶事をはじめ、点茶法、茶花など茶の湯に必要な一通りの内容を網羅していたのである。

この佐々木一族から茶をもって四国丸亀京極家に仕える人物があらわれる。清水柳渓である。柳渓は江戸藩邸で茶道役として普斎の茶を伝えるかたわら「茶道五度書」を著述、その子清水守中が明和七年(一七七〇)にいたって版行している。さらに佐々木一族の浜田黙斎が出て、弟子の山田逸斎、山田蘭斎(筒井亀斎)らは大坂で普斎流の茶の湯を伝授していた。そのほかに伊勢でも子息の吉太郎にも茶が受け継がれていたから、普斎の茶の湯は伊勢と大坂・江戸で受け継がれていった。

山田宗徧の茶書版行

普斎とほぼ同年の宗徧《そうへん》は京都の浄土真宗寺院長徳寺の出で、寛永四年（一六二七）の生まれだからさきの普斎とは一歳違いの同年代である。十七歳のころ、寺務の傍ら宗旦に茶の湯を学ぶようになるが、ついには寺を譲って茶匠として生きる決意をしている。宗旦の門下として約一〇年を経た明暦元年（一六五五）、三河国吉田（豊橋市）の小笠原家に仕官することになった。

吉田では三〇石五人扶持、一〇〇石格で召し抱えられ、小笠原忠知・長矩・長祐・長重の四代四二年の長きにわたって茶道役として仕えることになるが、この間、千家系統としてはじめての茶の湯の書をものすることになる。延宝三年（一六七五）の『茶道要録』と延宝七年の『茶道便蒙鈔』である。

『茶道便蒙鈔』は四冊から成り、茶事の流れを「亭主方」（亭主・主催者の方法）、「客方」（茶事に招かれた客の作法）に分けて説く内容であった。家中の津田六郎兵衛が亭主役をつとめる傍ら、宗徧が口述し、山中七郎右衛門と合沢助太夫が筆記するかたちで成立している。延宝七年（一六七九）の十月からはじめて翌年三月には完成したようだ。「懐石・炭手前・濃茶・薄茶」という茶事の全体をわかりやすく説くのだから、当時、茶の湯に求められていた解説書としては、至極便利なものだったのだろう。

にもかかわらず、この書が出版されたのは約一〇年を経た元禄三年（一六九〇）のことであった。なぜこの時期まで出版が遅れたのかは定かではない。時代からいえば元禄三年はくしくも「利休百回忌」の年にあたるし、「元禄文化」華やかなりし時代でもあり、商・町人層の台頭も目覚ましかった。書肆《しょし》の思惑としても折からの茶の湯ブームにあやかろうしたところがあったのだろう。続けて翌年には『茶道要録』を公刊している。

江戸での宗徧

元禄十一年（一六九八）、小笠原家の武州転封《てんぽう》を機に茶道役を辞し江戸に居を移す。この年すでに七十一歳になっていた。江戸の住居は本所二ツ目（現、墨田区）という武家屋敷街であった。このころから「不審庵」の号を使いはじめていた（山田宗徧『宗徧の茶』）。

江戸ではさきの二著に続いて元禄十四年には『利休茶道具図絵』を刊行している。これは利休によって創造された茶道具がいかなるものであったのかを明らかにしようとしたものであった。おそらく急激な茶道人口の増大に対応して茶道具のあり方を説明する必要にせまられた結果だったのであろう。江戸で使いはじめた利休の号の一つ「不審庵」とともに利休の茶の湯を継いだ存在であることを示そうとする意図もあったのだろうか。利休の茶の湯を継承する茶匠であることを強く認識させようとしたのだろう。

宗偏は江戸で多くの門下を育てていたが、武家とその関係者が多いのが注目される。大名では越前福井藩主松平綱昌（不易庵周穏）、三河新城藩主菅沼定実らをはじめとして、土佐藩侍医中根道意、江戸商人では米穀商鳥居宗逸、材木商岡村宗伯、糸割符《いとかっぷ》商坂本周斎などが知られている。それまで千家の茶道が支持者の中心とした商・町人層に加えて、大名とこれに連なる人々が宗偏の茶を学んでいたのである。江戸という大都市に利休の茶が定着していったといえよう。

宗偏による茶書の版行を支えたのは、都市民の経済的台頭・文化的高揚であった。時あたかも元禄三年は利休没後一〇〇年を迎えて茶道人口増大の引き金となった時期でもあった。茶の湯の世界でもそれまでとは違った対応がせまられたのである。しかし茶道人口の増大にしたがったその変質は、必ずしも歓迎すべき面ばかりをもっていたわけではなかった。茶の湯を通じて「道」を求める、という意味合いは薄れ、享楽的な側面が表面化してきたのも事実であった。藪内竹心《やぶのうちちくしん》も警鐘を打ち鳴らした人物の一人であった。

藪内竹心

藪内竹心は、武野紹鷗《じょうおう》の弟子であった剣仲紹智《けんちゅうじょうち》を一世とする藪内家の茶匠である。紹智は利休から茶法の伝授を受けるとともに、古田織部《おりべ》の妹と結婚して茶室「燕庵《えんあん》」を贈られたと伝えている。後には西本願寺の茶道役的な役割を務めて茶家として活動を行なっている。その五代が竹心である。

この竹心は茶匠としては数多くの著作をものしている。版行されたのは享保七年（一七二二）の『茶道朱紫』などごくわずかだが、そのほかにも「源流茶話」「茶道霧の海」「茶人行言録」など十数種の著作がある。これら一連の著作に貫通するのは茶道界に対する鋭い批判であった。「利休に帰れ」と叫ぶところに眼目があった。竹心の著作「茶道霧の海」からその一端をみてみよう。

「茶道霧の海」

「茶道霧の海」はその序によれば元禄前後の茶道界が「正風の意趣一向摩滅」して「方途を失」い、あたかも「霧海ニ南針を失ふ」がごときであることを嘆き、「正風に吹きかえさんこと」を願って著したものであった。「古織の渾厚一時の機ニ応して世ニはやり、宗旦の枯雅一時の機ニ応して世ニもてなし、遠州の雅麗一時の機ニ応して世ニ流布」したものであって、利休こそ「風流」をまったく兼ねた人物であったとしている。そして「余か家ハ利休改正の道を伝へリ」としており、竹心は利休の茶の湯を継承していることを宣言しているのである。

竹心は利休の作り上げた茶の湯を基本として、その茶を正当に継いだ人物であることを述べていたのだ。「師伝」の正当性を主張するのは、先の山田宗偏における「不審庵」号の公称や『利休茶道具図絵』の刊行とも規を一にするものであった。

茶道人口増大への対応とともに、師伝も詳らかではなく、門弟の要請に応えられない茶匠の出現もあったのだろう。茶道界の変質はさらに新たな対応を求められていったのだ。

朝廷茶の湯の流儀化

常修院によってかたちづくられた茶の湯は、後の時代に伝えられることによって確立し、流儀化への道を辿《たど》る。後西院《ごさいいん》や真敬《しんけい》法親王とその跡を継いだ近衛家熙《このえいえひろ》らの力によるところが大きかった。とくに近衛家熙は、当代一流の文化人としてのみならず、茶の湯の流儀化を成し遂げた人物として評価されるべき人である。ここでは朝廷・公家の茶の湯の展開をみておこう。

後西天皇と真敬法親王

後西《ごさい》天皇は後水尾院《ごみずのおいん》の第七皇子として寛永十四年（一六三七）十一月に生まれている。時代の風潮や父の後水尾院の影響もあってか、早くから茶の湯を嗜《たしな》んでいた。元服の年にはすでに後水尾院らを招いて茶会を行なっていたし、承応《じょうおう》三年（一六五四）の即位後も毎年のように口切りの茶会を行なっていたことが知られるが、道具組や参客など詳しいことはわからない。寛文三年（一六六三）の譲位後にはいっそう茶の湯に興味を引かれたようだ。若年からのものも含めると、現在知られる後西院の茶会はゆうに一〇〇会を超えるだろう。

後西院の茶会は、若年と晩年ではかなり様相を異にしている。慶安四年（一六五一）の会では茶の湯の後に双六などの遊びがあり、さらに後段の振舞が続き「種々御肴大御酒」、万治元年（一六五八）でも「被浮御盃、被点濃茶也」（『隔蓂記《かくめいき》』）と酒宴がともなった茶会を行なっている。

後西院には茶の湯に関するいくらかの手紙が残されている。色紙の揮毫《きごう》を頼まれたものや染付《そめつけ》水指の使用についての返事、『利休百会記』の書写（真敬法親王宛）、竹花入の作製を依頼されたもの（毘沙門堂門跡《びしゃもんどうもんぜき》宛）、釜《かま》や茶杓《ちゃしゃく》用の竹を用立てた折の手紙（常修院宛）などである。これら残された手紙だけからみても後西院の茶の湯を彷彿《ほうふつ》とさせるのだが、その後の後西院の茶会の様子をみてみよう。

『後西院御茶之湯記』

法皇・上皇が催した茶会の記録は、これまでほとんど紹介されたことはない。残されているとは思われるのだが、残念ながら容易に披見することは難しい。しかしこの後西院の場合は、弟の真敬法親王が筆録したものが残されており、かろうじて晩年の茶会の様子を知ることができる。『後西院御茶之湯記』である。茶会記は延宝六年（一六七八）から貞享二年（一六八五）までの二六会を収録したもので、退位後の四十一歳から四十八歳までのものだ。このうちの一会を取り上げて茶会

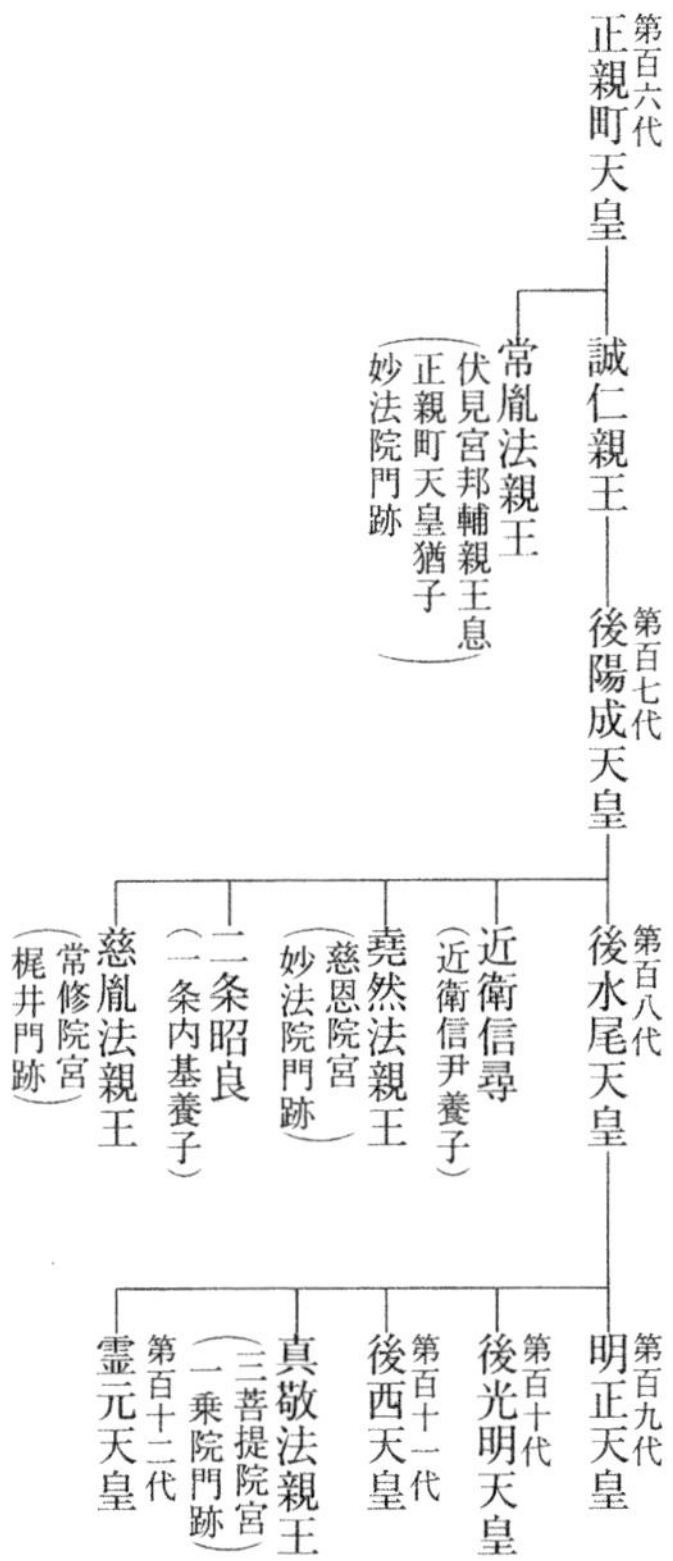

図21 「禁中・公家の茶の湯」関連系譜抄

の様子をみることにしよう。

後西院の茶会

貞享元年（一六八四）六月、後西院は叔父で茶の湯の師でもある常修院宮と真敬法親王を招いて茶会を行なっている。茶室は後西院の御所に造られた三畳台目。床には藤原定家の子にあたる為家の詠草。釜は芦屋、仕付棚には古備前の扇形香合と鐶《かん》が置かれていた。懐石があって後座に移る。床には詠草に代わって算木の花入に白蓮が二輪。茶入は正信手に新渡茶碗で濃茶《こいちゃ》が点てられて記録は終わっている。

この会からも知られるように、後西院の茶会では掛物には宮廷文化を代表するともいえる「古筆」が多く使われ、これに応じて香合・花入など床に飾られる茶道具には相応の時代のものが多く、点茶の折に使われる茶道具の新しさとは際立った相違をみせている。

さらに特徴的なのは参客である。全二六会の参加者は延べ六八人に及ぶが、数度にわたっての参会者を除くとわずかに一〇名にも満たない。さらに風早中納言ら数名をはぶくと、ほとんどすべてが近親者であった。叔父の常修院をはじめ、弟の真敬法親王、青蓮院の尊証法親王、妹の常子内親王の夫にあたる近衛基熈《もとひろ》やその子家熈らが大部分を占めていたのである。後西院の茶会は限られた参客のなかで繰り返し行なわれており、広がりを持たなかったことを知ることができよう。このような後西院の茶会はどのような茶室で行なわれたのだろうか。

後西院の茶室

茶会記からみるかぎり後西院の御所には少なくとも四つの茶室があったようだ。御所の南半分には広々とした庭園が作られており、庭内には織田有楽《うらく》好みの茶室として代表的な「如庵《じょあん》」形式のもの、南西隅には貴人口を備えた「三畳壁床」とクド構えからなる数寄屋があった。さらに北側の御殿に接続したものとしては、塀に囲まれ露地のなかに、三畳台目に二畳の相伴席《しょうばんせき》を付けた「燕庵」に似た形式の茶室や御殿の中庭に面した「三畳台目」の茶室などであった。

これらの茶室からすれば後西院は中世的なクド構えや織田有楽・古田織部らによる茶室を造っていたことが知られる。比較的「好み」として形式がはっきりした茶室ばかりであったから、後西院の茶の湯にはこれらの人物たちによる影響を考えておく必要があるだろう。茶会記では四つの茶室を順次使用することが多かったのだが、延宝九年（一六八一）以降は中庭に面した三畳台目の茶室のみで一会が終始するようになっている。茶の湯に対する考え方の変化がみられるようだ。

後西院好みの茶陶

後西院の茶会では当時新たに造られた茶陶が多く使われていた。掛物・香合に比べると時代差が大きいことはさきに述べたごとくである。茶碗では新渡物《しんともの》が多く「新渡三島」「新渡暦手」「茂三」のほかに後西院好みとされる野上（田中）焼もみることができる。

この野上焼は後水尾院の修学院焼や常修院の音羽焼に倣《なら》って延宝の末年（一六八一）ごろ、田中村野上（京都市左京区）の地に築かれた窯である。現存作品としては、わずかに「片身替筒水指」（滴翠美術館蔵）や「田中焼耳付水指」が、茶碗では「流釉茶碗」（滴翠美術館蔵）や御本写の茶碗などが知られるにすぎない。野上焼が七、八年の短期間で閉窯されたと推測されることからも伝存作品が少ないことに納得がいく。次に『後西院御茶之湯記』の筆録者で常修院の茶の後継者でもあった三菩提院宮真敬法親王の茶をみておこう。

三菩提院宮真敬法親王

真敬法親王は慶安二年（一六四九）の生まれ、後水尾天皇の第十二子だから後西院には弟にあたる。茶の湯の師常修院宮とはおよそ三〇歳違うから一世代後の人物としてもよい。十歳で親王宣下、尊覚法親王の跡をうけて興福寺一乗院に入り三十六代院主となっている。ほぼ同時期の茶人として杉木普斎《すぎきふさい》や山田宗徧《そうへん》らがいるから、茶の湯が盛んな時代に活動した人物だといえよう。この真敬法親王についてはは一〇〇会余に及ぶ自他会記が知られているが、その茶会を取り上げてみよう。

元禄二年（一六八九）正月二十九日に常修院宮を招いた会では、床には中国明代の画人文微明の絵賛、棚には福字の香合。釜は芦屋で梅の地紋のあるもの。料理があって後座に移る。花入は賀茂社の欄干《らんかん》のぎぼしを作り替えたものに榛《はしばみ》と椿が入れられている。水指は音羽焼の耳付、古瀬戸茶入、新渡の茶碗、宗和茶杓などが使われていた。薄茶の記載はないが、やはりこの座敷で行なわれたのであろう。

掛物は中国画、香合は「福字」とあるからこれも中国のものだろう。花入は「ぎぼし」を造り替えたもの。常修院宮好みの音羽焼水指、近年中国から輸入された茶碗、茶系を推測させる金森宗和の茶杓などである。これ以外の茶会をみても道具組には大きな違いはみられない。総体として常修院宮や後西院の道具組と共通する趣をもっていた。焼物ではその種類は豊富で、京都の焼物だけをとっても音羽焼・修学院焼・粟田焼・清水焼・御室焼・野上焼など多数に及んでいる。基本的な道具組の傾向は後西院らとさほど変わらないとしても、その幅が広がっていることが知られるだろう。

真敬法親王茶会

参客の傾向も同様だ。当然のことながら南都の僧侶たちが客となっている場合が大部分で、これに後西院らが加わるといった方向をみせている。ただその交流は必ずしも限定されたものではなく、古筆了裕や小堀仁右衛門らが含まれており、武家にまで交流範囲が広

図22　天皇家・近衛家系図

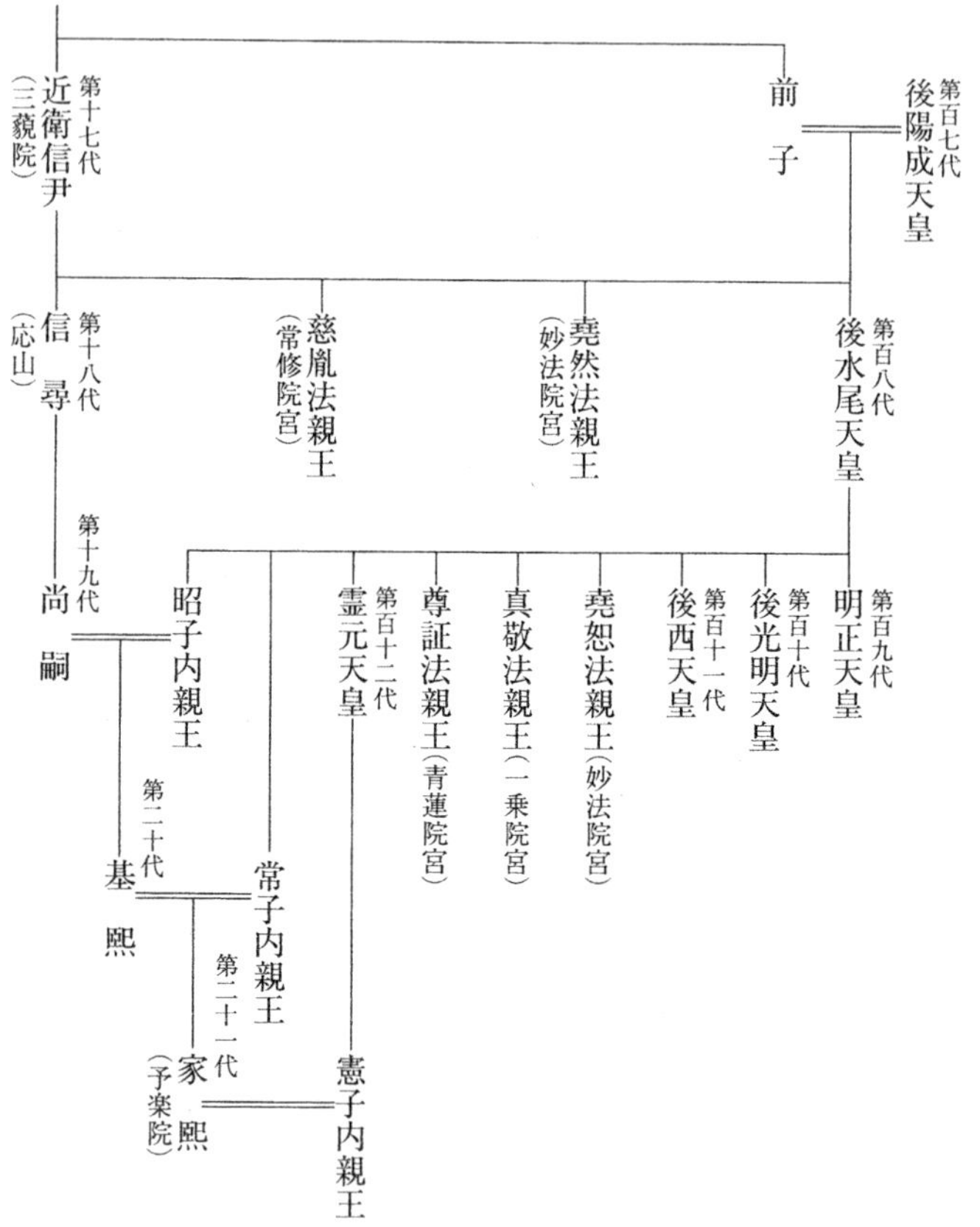

がっていたことが知られる。常修院宮や後西院らとは異なっていた点である。さきにもふれたように真敬法親王は常修院宮から茶法の伝授を受け、それを受け継いでいたからさらに広がりをもたそうとしていた人物だといえよう。

近衛家熙と『槐記』

常修院宮・後西院・真敬法親王の茶を継承する一人の人物があらわれる。予楽院と号した近衛家熙《このえいえひろ》である。家熙は、寛文七年（一六六七）の生まれ。母は後水尾院《ごみずのおいん》の第十五皇女である無上法院常子内親王。父は基熙《もとひろ》、後陽成天皇のひ孫にあたる人物だから歴代天皇とも縁戚関係にあたる。

常修院宮は元和三年（一六一七）、後西院は寛永十四年（一六三七）の生まれだから、家熙とはそれぞれ二〇年から三〇年のおよそ一世代の差をもっていた。常修院宮によって新たに作り出された茶の湯を継承・発展させるには格好の世代差だったといえよう。「常修院、三菩提院ナド加様《かよう》ノコトヲ聞カセラレバ、サゾ工夫アルベシ、御参会ニテ御詮議アリテナラバ一決スベシ」「常修院、三菩提院ニ加様ノコト申シナバ一詮索アルベシ」（『槐記《かいき》』）とみえるように、家熙にとって常修院宮と三菩提院宮（真敬法親王）は茶の湯の規範とすべき人物としてあったのだ。

さて、家熙の名が後西院の茶会に見えはじめるのは天和二年（一六八二）からである。

このときは父の基熙や真敬法親王と一緒に茶会に参加している。さらに貞享四年（一六八七）には基熙・真敬法親王を招いた茶会を行なうまでになっている。このころの家熙の茶会における道具組は、掛物として藤原定家や為家らの和歌、堆朱香合、織部香合、釣瓶水指、高麗茶碗などが多く使われていた。そのほかに茶の湯の伝流を示す常修院宮・後西院・金森宗和の花入、茶杓なども使われており、後西院や真敬法親王らの道具組と共通する趣をみせていた。

朝廷・公家の茶の湯の完成

しかし晩年の家熙の言動を記した山科道安《やましなどうあん》の『槐記』にみられる茶会からは、道具組のみならず、多くの部分に変化がみられるようになる。掛物に古筆類や常修院宮・後西院にゆかりの茶道具が使われていることにさほど変化はないが、それ以外ではかなり多様だ。

なかでも、それまでほとんど見ることのできなかった「楽茶碗」が茶会に見られるようになったことは注目される。「御茶碗　赤ノ楽」「御茶碗　弥兵衛焼　黒楽、東陽坊ノ写」（『槐記』）などである。楽茶碗は利休によって創案され、その茶を象徴するものだったかから家熙のなかにわび茶を受け入れようとする考えが生まれてきていたのだろうか。

このような変化に応じてか家熙の茶会への参客も多様だ。公家はもちろんのこと、鴻池道憶、千宗安、久田宗也、土岐二三《じさん》、小堀仁右衛門ら僧侶・武士・茶匠・商人など広範囲に及んでいる。だからといって茶の湯に関する基本的な考え方までが変化したわけではなかった。自ら伝える茶の湯を「御流儀」および「流儀ニテナキ人ノ前ニテハ一言モ仰ラレタル事ナシ」と述べているところからして、朝廷・公家の世界における茶の湯の伝承者たらんとしていたようだ。

常修院宮によってかたちづくられた朝廷・公家の茶の湯は一世代後の後西院・真敬法親王らによって定着し、それからさらに一世代後の近衛家熙によって流儀化が行なわれた。家熙の茶とは朝廷・公家の茶の湯の完成した姿だったのである。

大名と茶道具

茶の湯と蔵帳

「蔵帳《くらちょう》」とは諸家に所蔵されるさまざまな所蔵品のリストである。大名家では武具を筆頭に美術工芸品にまで及ぶ膨大な蔵帳が備えられているのがふつうだ。所蔵場所や等級、購入した場合はその年次・購入先・値段までを詳しく記している場合もあるが、多くは種類別に列挙されている。

茶の湯の「蔵帳」も同様で、掛物・香炉・香合などと種類別にまとめられている場合が多い。茶道史研究でもこの「蔵帳」は重要な素材で、その家にどのような茶道具が所蔵されているのか、その総数はどの程度なのか、などから茶の湯の受容度を計ることができる。とくに家から家へ、人から人へと移動する茶道具では、かつてその茶道具がどこの誰に所蔵されていたのかを知ることによって伝来や価値をも推し量ることができるからだ。典型的なのは、大坂の豪商鴻池《こうのいけ》家の『鴻池蔵帳』や江戸後期の数奇大名松平不昧《まつだいらふまい》による『雲《うん》州《しゅう》蔵帳』などである。

『土屋蔵帳』

ここで取り上げるのは『土屋蔵帳』——常陸土浦の藩主土屋家の蔵帳である。近世の土屋家は武田の旧臣であった土屋忠直にはじまる。忠直は、徳川家康・秀忠に仕えて下総《しもうさ》久留里《くるり》藩主となるが、その次男として生まれた数直を土浦土屋藩祖としている。数直は三代将軍家光にわずか五〇〇俵の微禄で仕えはじめ、若年寄を経てついには老中となって常陸土浦四万五〇〇〇石の大名となった人物であった。その子政直も大坂城代・京都所司代を経て老中に列し、たびたびの加増で最終的には九万五〇〇〇石を与えられている。この二人の藩主によって収集された茶道具の一部を記したのが『土屋蔵帳』である。

『土屋蔵帳』には、異本と考えられる『土屋蔵器目録』なども勘案するとおよそ三五〇点を超える茶道具が収録されており、数多い異本の校合や基礎研究もすでに行なわれている（木塚久仁子「土屋家の茶の湯」）。この蔵帳は、他に比べてやや異なった記載法になっていること、収録茶道具のうち、和物の茶道具が圧倒的な多数を占めていること、さらに中《ちゅう》興名物《こうめいぶつ》の比率が高いことなどが特徴的である。

『土屋蔵帳』以前に記された蔵帳では唐物茶道具が占める割合が高いから、これ以降、和物茶道具が茶の湯の世界でも優位を占めはじめたことを示している。中興名物の多さもさることながら茶入が全体の六分の一を占めるというアンバランスさも特徴的だ。なぜこのような内容になったかは後に推測するとして、まず『土屋蔵帳』の記載法からみていくことにしよう。

『土屋蔵帳』の記載法

『土屋蔵帳』は特別な記載法がとられている。他の多くの蔵帳は床の間に飾られる掛物や花入を冒頭に置いて書きはじめられ、以下、釜・水指・茶入・茶碗など器種別に順を追って書き継がれており、同器種の茶道具のまとまりが重複して幾度もあらわれることはない。しかし『土屋蔵帳』では砥平石絵賛、一休一行物などの「墨跡」八幅が書き上げられ、次に「歌物」と分類される藤原定家の色紙や武田信玄の短冊、さらに雪舟・牧谿《もっけい》などの絵画を中心とした「三幅対」「二幅対」「一幅物」などが続き、さらに『古今集』など冊子形態の「歌書」、「和漢朗詠」などの巻子仕立《かんす》ての「軸物」が記され、その後に茶入・茶碗などの点前道具や硯石・筆軸・筆架・墨・硯《けん》屏《びょう》・重食籠《じゅうじきろう》など違棚《ちがいだな》や付《つけ》書院に飾る道具が器種別にあらわれる。

これだけならば通例の蔵帳の書かれ方とさほど違わないが、『土屋蔵帳』ではこれらが一巡した後に再び「墨跡」の項目があらわれ、器種や作品数はいくらか減少しているとはいえ一巡目と同様の記載がはじまっている。これが終了した後、さらに「墨跡」の項目があらわれ、最終的には五巡している。「茶入盆」や「羽箒」などごくわずかの器種をのぞけば幾度も同じ分類があらわれているのである。なぜ、このような煩雑な書き方をしたのであろうか。この蔵帳が成立した前後の時代をみることにしよう。

『土屋蔵帳』の茶道具が集積されたのは、小堀遠州の茶の湯が広まりはじめた時期であった。前にも述べたように、遠州の茶の湯の特色は一会を小間と鎖《くさり》の間の両方で催し、とくに鎖の間では床の対幅の絵画、付書院の文房具飾り、違棚の飾りなどが行なわれ、そこでは海外に注文されて日本に持ち込まれた「染付」の陶磁器などが使われて、小間とはかなり違った雰囲気が醸し出されていたのだ。このような茶の湯の形態が定形化する段階で土屋家は大名として成長し将軍に近侍することになる。それまでとくに茶の湯に関わりをもたなかったとすれば、遠州らによって創出され、将軍によって公認された新たな茶の湯の形式を無視することはできなかったであろう。

『土屋蔵帳』がこのような時期に成立したとすれば、通例とは異なった記載法をとっていた事情も推測ができる。おそらくこの蔵帳は、小間や鎖の間などいく部屋もの飾りを同時に行なうことを前提にして記されたのであろう。同時にいく部屋もの飾りを行なおうとするときには器種別に整理されているよりも広間にのみ飾られる三幅対や二幅対は、他の掛物とは分離して記されていたほうが便利である。付書院や違棚などだけに飾られる冊子形態の『古今集』や巻子仕立ての「軸物」、文房具なども独立して記されるほうがよい。使用する茶室に応じて順次記載された結果が『土屋蔵帳』の記載だったのであろう。

中興名物の集中

さきに述べたように、『土屋蔵帳』には小堀遠州が制定に関与したとされる「中興名物」の茶道具が多く収録されている。約三五〇点のうち、もっとも多数を占めるのが茶入で、六五点を数えている。中興名物の中核をなす茶入の多くが土屋家に収蔵されていたのである。小堀家から直接・間接に土屋家に移った茶道具も少なくない。土屋家の所蔵品は小堀家とも密接な関係があったのである。

ではなぜ土屋家は小堀家の茶道具に注目したのであろうか。土屋家の成立過程からその理由を推測してみよう。土浦土屋家が発展する時期、茶の湯は将軍を中心として必須の教養として定着しはじめていた。親子二代にわたって幕府の要職をつとめたうえの急激な加増によって、土屋家は家格相応の備えを整えるのに腐心したであろうことは想像に難くない。茶の湯の道具についても同様であったろう。

このとき、土屋家が参考にしたのは「将軍家茶道師範」と考えられた小堀遠州の茶の湯だろう。具体的に述べるならば、遠州の茶の湯のスタイルを積極的に取り入れ、その茶道具を収集することであった。時あたかも小堀遠州が没し、その茶道具が入手しやすい時期にあたっていた。形成期の土屋家にとって願ってもないチャンスでもあったろう。その結果が『土屋蔵帳』に収録された多くの中興名物だったろうし、遠州風の茶のスタイルを受け入れた結果が『土屋蔵帳』の記載法だったと考えられる。

茶道役の出現

江戸時代に入って新たに興った大名家による茶道具の収集と、茶の湯のありさまを土浦土屋家を例に取り上げて通観してみた。土屋家でもそうなのだが、茶の湯を実質的に支えた茶道役の姿はほとんど浮かんでこない。しかしながら、大掛かりな準備を必要とする大名家での茶の湯が、茶道役を抜きにして成り立つわけもなく、当然のことながら準備の大部分は彼らの手を経ていたはずである。

以前にもふれたように、江戸大名家における茶道役の出現は慶長年間に溯る。織部や遠州・石州ら「将軍家茶道師範」たちの活動期に茶道役も同じく活動をはじめていた。平行して両者が活動しているとするならば、その担った内容に相違があったはずである。おそらく「将軍家茶道師範」たちは時代の要請に合わせた武家相応の茶を作り上げるのが主要な任務であり、これを受け入れて実務に供することが茶道役たちの仕事だったと考えられる。

片桐石州によって最終的に武家の茶の湯のスタイルが作り上げられたのち、茶道役たちの活動が本格化する。石州の茶を学んだ将軍家茶道役であった野村・谷村・伊佐家などが諸藩の茶道役たちに茶道を伝授し、さらに実務を担うことになる。ここではいくらかの大名家を取り上げて茶道役の活動をみておこう。

薩摩藩の茶道役

薩摩藩主島津吉貴《よしたか》は、延宝三年（一六七五）の生まれで、父の綱貴の跡をうけて宝永元年（一七〇四）には藩主となっている。周知のように島津家は利休門下といわれる島津義弘をはじめとして、家臣にもわび茶を学んだ人物が多かったから、わび茶が早くから根づいた地域の一つだった。吉貴の茶の様子を知る茶会記（横田八重美「吉貴公大磯御数寄屋披之記御茶進上記」）からその様子をみてみよう。

元禄十五年（一七〇二）十二月二十七日、茶会は磯邸に造られた四畳半の茶室で行なわれた。客は薩摩藩重臣の川上式部ら三名。床には狩野周信の達磨の絵が掛かり、瓢《ふくべ》の炭斗《すみとり》で炭がつがれて懐石。後座では吉貴自身が竹の花入に椿を入れている。濃茶は「かねの水指」に磯焼の茶入と茶碗。茶碗は御庭焼で楽焼風のもの。茶杓は杉で吉貴自作であった。「御茶道　長瀬□悦ニ手前被　仰付也」とみえるから、吉貴は花のみを入れ後は茶道役が引き継いだようだ。吉貴は茶入などの拝見物が出たころに再び席に入っている。その後、書院に席を移して会が続けられたが「御はやし」などがあって夜になって会が終わっている。この会では吉貴は亭主でありながら実際の点茶は茶道役が行ない、後座で花を入れたのちには濃茶が終わる間際に席に出るのみであった。むしろ後段に力を注いだようだ。

一方、吉貴が川上式部の茶会の客となった会も知られる。式部はこの日のために茶道役の永田元恕、鈴木宗心、高木正籠、指宿宗悦の四名を依頼したほか包丁人・料理人なども手配していた。

これらの茶会をみると、吉貴は花を入れ炭をついだほかは茶道役が行なっているし、式部の会でも茶道役が大きな役割を果たしていた。しかしながら、これら茶道役が表面にあらわれることはほとんどなかったにもかかわらず、実質的には彼らの活動に負うところが多かったのである。さらにもう一人、仙台伊達家の四代藩主伊達綱村《つなむら》の場合をみておこう。

仙台藩の茶道役

伊達綱村（一六五九〜一七一九）は仙台藩四代藩主。いわゆる伊達騒動（寛文事件）を切り抜けて藩政を安定させるが、この綱村が、元禄六年（一六九三）から宝永二年（一七〇五）の間に行なった一二〇〇会以上に及ぶ茶会の記録が残されている（『伊達綱村茶会記』）。わずか一三年でこの数だから、生涯に催した茶会の数はこれをはるかに上回るであろう。具体的な茶会の様子を一々あげることはしないが、綱村の茶会では茶道役の占める役割が著しく高いことが知られる。茶道役なくして綱村の茶会はありえなかっただろう。

これを示すのは、元禄十三年（一七〇〇）十一月二十九日に行なわれた清水動閑《どうかん》の正忌《しょうき》茶会である。藩主である綱村が正忌を執り行なった清水動閑とは、茶道役としては二代目にあたる人物で、それまでの遠州流から将軍家が新たに採用した石州の茶を学ぶため、綱村の命によって一三年の長きわたって大和小泉の石州のもとに出向いて帰藩。寛文九年（一六六九）には茶道頭に任じられた人物である。

この日、綱村は伊達家一門格の覚範寺白堂ら四人の僧侶を招いている。動閑九年目の忌日にあたるからおそらく法要も行なわれたのであろう。ふつう一介の茶道役のために藩主が、九年目の年忌を行なうとは考えられない。綱村にとって動閑を代表とする茶道役の役割がいかに大きかったかを示すものであろう。

薩摩島津家と仙台伊達家を例にとって茶道役の活動をみたわけだが、これらによれば藩

表6　江戸時代中期諸藩の主な茶道役一覧

藩	茶道役
弘前	野本道玄
仙台	清水動閑
福島	近藤浮木、山本古斎、小林杉雪
会津	橋爪宗伴、山本道珍、飯塚林清
水戸	宮田文碩
尾張	山本道伝
新発田	阿部休巴
長岡	福田周意、横山甫閑
金沢	仙叟宗室、常叟宗室、分部卜斎、山中喜斎
福井	小島良甫
津	近藤柳可、幾田宗伯、井野口宗休
和歌山	中野了雪、江岑宗左
岡山	速水宗達
萩	河上哲斎、竹田休意
松山	常叟宗室
小倉	古市知庵
佐賀	藪内了智
鹿児島	永田元絮、鈴木宗心、指宿宗悦、高木正籠

主は実務にほとんどタッチせず、いわば席主の立場で行動しているようすを知ることができよう。では将軍家や諸藩の茶道役はどのような活動を行なっていたのだろうか。

諸藩の茶道役

将軍家では徳川家康や秀忠の時代に、「御茶道頭」として中野笑雲や原田惟利などの茶道役がいたことはさきに述べた。ところが石州が活動する十七世紀には、幕府内に「数寄屋頭―数寄屋組頭―数寄屋坊主」の制度が成立していた。なかでも数寄屋組頭を家職とした野村家は利休門下だったと伝える宗覚を祖とするが、四代休盛にいたって石州の茶を学び、その後は石州流のうちで野村派を唱えることになる。とくに八・九代休盛にいたって諸藩の茶道役を門下に迎えるようになっている。秋田佐竹家の小川宗巴や寺崎了斎、水戸徳川家の宮田文碩《ぶんせき》、土佐山内伊江の松井礼斎、豊後府中松平家の小倉休朴・岩尾山石らである。

同じ幕府の伊佐家も野村家と同様であった。初代の半々庵伊佐幸琢が石州の高弟であった怡渓宗悦《いけいそうえつ》に茶の湯を学んで以来、数寄屋頭をつとめているが、陸奥二本松藩主丹羽高寛、越後新発田の長谷川如水、旗本の五十嵐市十郎、江戸町年寄北村彦蔵らが茶の湯を学び、二代幸琢には出雲松江藩主の松平不昧《ふまい》、薩摩の島津斉興《なりおき》らが門下にいた。

幕府の茶道役をつとめた二家だけを取り上げても、諸藩の茶道役のみならず大名や旗本、上層町人ら広範な門弟を抱えており、地域的にも江戸のみならず全国に及んでおり、その影響力は計り知れない。江戸の茶道役たちによって茶の湯は各地に普及し、さまざまな茶の湯が開花するきっかけをつくったのだ。

このような茶道役の活動は大名茶道の変化をも誘発している。茶会を行ないながらも点茶実務を離れた大名たちの中には、茶の湯を構成する、とある部分のみを深化させる人物を出現させることにもなったのだ。その代表的な人物として松平乗邑《のりさと》を取り上げてみよう。

松平乗邑と『三冊名物集』

点茶実務から解放された大名たちによって茶の湯はいくつかの方向に深化を遂げるのだが、その方向の一つは茶器研究であった。茶器研究の草分け的な存在である松平乗邑は貞享三年（一六八六）に生まれている。

元禄三年（一六九〇）、父の乗春が没した跡をついで肥前唐津を領することになる。翌年には志摩に転封《てんぽう》。さらに伊勢亀山、山城淀を経て大坂城代、享保八年（一七二三）には老中に任ぜられ下総佐倉に領地を与えられている。

このような栄進が譜代大名ゆえのことであったのは言をまたない。八代将軍吉宗のもとで享保の改革を行なったことはよく知られているが、茶道史のうえで注目されるのは三冊からなる図入りの名物茶道具集ともいうべき『三冊名物集』（三冊物）を著したことであろう。

『三冊名物集』

『三冊名物集』はおよそ三六〇点の茶道具を収める名物記だが、特筆すべきはその記載法であろう。その一は「茶道具名」「所持者」、茶道具各部分の「寸法」、本体の「図」、仕服をはじめとして挽家《ひきや》、箱、書付などの付属品にいたるまでを詳細に記すものであったことである。『三冊名物集』以前にこのような記載法をもった名物記は例をみない。

乗邑は早くから茶器に興味を抱いていたようだ。収集のはじめは十五、六歳の元禄年間のことらしい。『三冊名物集』によれば、大瓶手の茶入「鈴鹿山」の項に「元禄十五年之頃求之、買初同然也」とみえている。

第二に「借覧」した茶道具が含まれていること、すなわち他大名家などから茶道具を借り受け、これを図示していたことである。自らの所蔵品を図示したり、リスト化するのは珍しくはないが、茶道具を借用するのも容易ではなかった時代に、これを借り受けて記録するのは至難の業だっただろう。乗邑はあえてこれを実行していたのだ。この「借覧」も元禄十四年（一七〇一）にははじめているから、茶器の購入と同時に「借覧」を開始していたといえる。

借覧先が知られるのは六〇家約二〇〇点に及ぶから、全体の半数以上が「借覧」によるものであった。遠州以来の茶道具を持ち伝えていた小堀家や加賀前田家・仙台伊達家・肥後細川家・土浦土屋家などの大名家のみならず、本阿弥・三井・冬木・鴻池家などの豪商たちからも茶道具の「借覧」を行なっていた。

なかには「岡田美濃写し来たる」とみえる藤原定家の「住吉の文」（将軍家蔵）なども

あり、必ずしも実見したものばかりではなかったのだが、これも「借覧」の範囲を超えた収録を行なった結果だと考えられる。

しかしながら収録茶道具を子細にみると、必ずしもバランスの取れたものではないことに気づく。約三六〇点のうち、茶入が七割の二三〇点を占めている。ほかには茶碗が四〇点、掛物が三〇点、香炉・花入が一〇点前後、釜・茶壺・棗・茶箱にいたってはわずか一点のみの収録だ。さらに収録順も器種別でもなく、所蔵者別でもない。もちろん借覧年次別でもない。どうも個人の手控えの域を越えるものではなさそうだ。

それにもかかわらず『三冊名物集』を高く評価しなければならないのは、何よりも客観的な記載法をもっている点だろう。さきにも述べたように、「茶道具名」「所蔵者」「借覧年次」「寸法」「図」「付属品」などを詳細に記載しようとする点は一貫している。江戸時代における名物茶道具を集大成した書とも目される松平不昧の『古今名物類聚』とも共通した記載法をとることを考えても、無視しえないものがある。乗邑による『三冊名物集』は、その後の名物記の端緒を切り開いた書だといえよう。

茶の湯の到達

利休の茶の湯の展開

宗匠の時代

江戸時代も中ごろを過ぎると、京都では茶の湯の宗匠たちによる門弟の組織化がはじまる。そのきっかけは急激な支持層の拡大にともなう茶道界の変質だったであろう。これに対する宗匠たちの対応とは、伝書の刊行による秘伝の公開であり、相伝段階の整備や中間教授者層の創出とその組織化などであった。これらの過程で宗匠たちの血脈や相伝の正当性が重視されるようになっている。ここでは宗匠たちの活動をみることにしたい。

茶書の版行

話は前後するが、茶の湯に関する書物の刊行は江戸時代初頭に溯る。寛永二年（一六二五）に京都で開版された『草人木』（茶の字を「草・人・木」

の三字に分解したもの）が江戸時代に入っていち早く刊行された茶書であった。著者は不明ながら、『古織伝』などを引用しているところから、古田織部の茶系を引く人物によって著されたものではないかと考えられている。続いて『御飾書』『君台観右左帳記』など座敷飾りに関する書物が、さらに『図絵宝鑑』『茶器弁玉集』『玩貨名物記』などの茶道具入門書、『古織伝』（万治二年〔一六五九〕刊）、『細川三斎茶湯之書』（寛文八年〔一六六八〕刊）など大名茶人にかかわる茶書が出版されている。少し後に出版される『利休茶湯書』（延宝八年〔一六八〇〕刊）を除くと大名系の茶の湯を解説する書が中心であったことになる。

ところが元禄を過ぎるころには、千家系統の茶匠のなかでも茶書を著すのみならず出版に踏み出す人物があらわれる。わび茶は「以心伝心」「不立文字」を旨としてきたから、茶匠による刊行は一大変革だったといえよう。この時期の茶匠の活動をみることにしよう。

茶匠の活動――一燈宗室の場合

一燈宗室《いっとうそうしつ》は享保四年（一七一九）の生まれ。裏千家の七代竺叟宗室《ちくそう》が享保十八年に没したため十五歳の若さで八代家元を継いでいる。その直後、数年間にわたって兄で表千家を継いでいた如心斎宗左とともに大徳寺の塔頭《たっちゅう》玉林院に入って大龍宗丈に参禅し、「八角磨盤空裏走」の公案を受けて大龍から「又玄《ゆうげん》」の号を与えられている。一燈の活動としては『又玄夜話』（万延元年〔一八六〇〕に版行）や『茶道浜真砂』の口述などが知られるが、その他の活動をみることにしよう。

それまで同様に伊予松山の松平（久松）家に出仕していたのだが、「主用、三度関東へ下り候」（『千氏茶燕式略記』）ともみられるように藩主の参勤に随行して江戸への往復を行なっていた。

寛延三年（一七五〇）には、松平家から花入二本および茶杓一二本の調整を依頼されている。老中堀田正亮からの要望であった。六月には一重切に「小蓬萊」、二重切には「柴の戸」と、さらに茶杓にもそれぞれ銘が付けられて六月には江戸へ送られている。少し後のことにはなるけれども、宝暦八年（一七五八）には堀田相模守の要請に応じて茶会を行なっているから大名家との交流も多かったようだ。

出石藩主仙石政辰の茶事稽古

一燈宗室と大名家のつながりはこればかりではなかった。但馬《たじま》（兵庫県）出石藩主仙石越前守政辰にも茶事を指南していたのである。きっかけは出石藩出入りのご用商人で一燈宗室の門人であった北脇市兵衛からの内々の打診。延享五年（一七四八）正月に政辰が京都で茶事の稽古を希望している

図23　一燈宗室の主な弟子たち

一燈宗室
- 内田宗貞（江戸八丁堀住）
- 狩野宗朴（茶匠　大阪住）
- 藤波季忠（神道家）
- 最上宗甠（号文臨庵）
- 那波宗伴（江戸住）
- 千柄菊旦（江戸日本橋住）
- 堯州宗寛（大徳寺三七九世）
- 蜂須賀重喜（阿波藩主）
- 鈴江宗羽（阿波藩茶道役）
- 木下了悦（阿波佐古町住）
- 木下勘五郎（了悦の女婿）
- 谷田一刻庵（阿波の呉服商）
- 仙石政辰（出石藩主）
- 北脇市兵衛（出石藩御用商人）
- 速水宗達（茶匠）

旨の連絡があった。これを了承した一燈宗室のもとには京都出石藩邸の留守居役から正式に依頼があり「当三月五日比《ころ》御参勤之節、於御屋敷茶事稽古被遊度由《あそばされたきよし》」と、参勤交代で京都に滞留する三月五日ごろに指南を受けることになった。実際は三月八日ごろから稽古がはじめられたようだ。もう一つ大名家との関わりを挙げておこう。

阿波蜂須賀家での茶

四国阿波の蜂須賀家である。一燈宗室が阿波を訪れたのは鈴江宗羽の招請によるといわれる。鈴江宗羽は阿波の人。幼時から蜂須賀家八代藩主の宗員に仕えるが、茶の湯を志して京都で一燈宗室に入門する。皆伝の後に阿波へ戻り宗員《むねかず》・宗英《むねてる》・宗鎮《むねしげ》・至英《よしひさ》・重喜《しげよし》・治昭《はるあき》の六代約六〇年にわたって茶道役として仕えたとされている。

宝暦年間（一七五一〜六四）、十二代重喜は城下の南、大谷に別業を築くが、その茶室・露地のために宗羽の縁で一燈宗室が阿波に下向することになったのである（坂東宗稜『阿波の茶道』）。阿波に滞在した一燈宗室は、鈴江宗羽の屋敷には茶室「蝸牛庵」を、さらに門弟の木下家や谷田家にも茶室をつくったようだ。

残念ながら蜂須賀重喜による大谷別業は茶室完成まもなく閉鎖のやむなきにいたったといわれ現存していない。しかしながら別業での焼物が伝わっている。丈七焼である。陶工丈七は大谷別業での御庭焼のために一燈宗室が阿波にともなった人物だが、別業の閉鎖にともなって阿波を離れているから現存作品は少ない。「一燈宗室好」と玄々斎宗室が箱書し「明和九壬辰六月上旬　紫野玉林禅院什　宗衍（花押）」と大徳寺の僧無学宗衍《そうえん》の墨書がみえる丈七焼の鳳凰風炉や茶入・水指などが現存している。

茶道の再編

利休没後、約一五〇年を経た享保十五年（一七三〇）、如心斎宗左が表千家七代を継職する。すでに六代覚々斎の時代（一六九二～一七三〇年）から茶道人口の増大による変質が進行していたから、この対応に迫られながらの継職であった。この問題に対処するためだったのであろうか、さきにも述べたように如心斎は、弟で裏千家八代を継いでいた一燈宗室・川上不白《ふはく》らとともに大徳寺玉林院に数年の間籠って参禅したといわれる。如心斎・一燈ともに仕官先をかかえており、これを一時休止しての参禅だったから、並大抵の決意ではなかったことだけは確かだ。

「七事式」の制定

その結果、新たにいくらかの構想が生まれている。その一つが「七事式」の創案だ。「七事式」は、基本となる「花月《かげつ》」に加えて「且座《しゃざ》」（花を入れ、香をたき、炭をついで茶を飲む）、「廻り炭」（客が順番に炭をつぐ）、「廻り花」（客が順番に花をいれる）、「茶カブキ」（数種の茶を飲み当てる）、「一二三《いちにさん》」（点茶法を見る）、

「員茶《かずちゃ》」（廻り点）の七種からなる式法で、そのうち「廻り炭」「廻り花」「茶カブキ」は原形となるものが伝えられていたというから、それらを改良のうえ新たに四式が加えられて成立したものであった。一挙にすべてができあがったわけではないが、それまでの点茶法に加えて七種もの茶法が創案されたうえ、それぞれのなかには、さらに、いくらかの方式を含んでいたから、「七事式」の創案は、大がかりな構想のもとに行なわれたものだといえよう。

ただ「古よりケ様事なく稽古も済タルニ、今ケ様之事なくてハならぬと、或ハ新法なと人とがめ申候」（『不白筆記』）や、「是を始められしニ、京にても色々評判し、古き茶人ハ甚《はなはだ》嘲りたる事也」（『茶話抄』）などと見られるように、七事式の創案はかなりの批判を浴びたようだ。これに対する如心斎らの回答は「元より茶にはのらぬ事なれとも、是皆《これみな》稽古の桟也」「一心ニ此足代をのほらすんハ有へからす、茶之湯得道せは、此七事等のきく、何ニ可成哉《なるべきか》、不入事也《いらぬことなり》」と述べていた。七事式は茶の湯を体得するための一手段にすぎず、自得の後は必要のないものだ、といっていた。新法に対する非難の強さを物語っている。

しかしながら「七事式」は、それまでの教授法が茶匠とのマンツーマン方式のみであったものを、一度に五人以上が加わって行なわれるものとして考案されているから、すでに指摘されているように、急激な茶道人口の増大に対応するものとして無視できぬ面があった。

さらに重要なのは、それまで以上に反復訓練に対する重要性が増したことであろう。それまでの点茶法も反復練習を必要とはしたが、とくに七事式はグループでの所作を基本として考えられているから、全員の調子を揃えるためにはそれまで以上に反復練習が必要とされる。これは七事式以外の点茶法の修練にも影響を及ぼさざるをえなかった。かえってこちらのほうが意味が大きかったかもしれない。茶の湯が点茶法の反復訓練という側面を濃厚にするようになるからである。

小間の茶と広間の茶

もう一つの特徴は、七事式が八畳以上の広間で、しかも五人以上の多人数で行なうことを基本にしていた点である。利休以来、千家の茶の湯は四畳半以下の「小間」で行なわれることを原則としていた。それは「小間」で行なうことによって緊張感を醸し出し、そのなかで精神的な一体感を形成しようとしてきたからにほかならない。利休の血脈と茶の湯を継承することを中心とした千家では、一度に多数の門弟に対応することは想定されていなかったのである。ところがこの時期、茶道人口の増大に対応することが急務となり、その結果に創案されたのが七事式だったのである。

新たな七事式の創案は、伝統的な利休の茶の湯のあり方をなし崩しにする危険性をもはらんでいた。多くの批判はこの点にかかわっていたといってもよいだろう。これを押し切って祖法ともいうべき小間での茶の湯に加えて、新たに七事式を加えることによって広間での茶を加味し、茶道の再編をはかったといえよう。

如心斎らが行なったのは点茶法の再編ばかりではない。これを支える制度の整備も重要な課題であった。すでに西山松之助氏の指摘にもあるように、この時期には完全相伝制から不完全相伝制（一子相伝制）に移行しはじめており、三千家においても惣領制や家紋の確定などが如心斎宗左・一燈宗室・堅叟宗守《けんそうそうしゅ》らによって再確認されている。元禄期から徐々にはじまった茶道人口の増大に対する対応は、この時期に一定の結実をみたといえよう。

宗匠たちの江戸（川上不白の江戸下向）

さきにもふれたように如心斎らによる「七事式」の制定に参画した茶匠の一人に川上不白（一七一九〜一八〇七）がいた。不白は元紀州田丸藩の武士の出である。享保の末年（一七三五）ころに江戸に出て、数年を経ずして京都で如心斎に師事することになる。寛延三年（一七五〇）如心斎から真台子の伝授を受けるまでの一五年あまりを京都で過ごし、その後、江戸に戻って茶匠としての活動をはじめることになる。

江戸に戻った不白が本格的な活動を開始するのは、宝暦年間（一七五一～六四）の後半である。それ以前、すでに駿河台に茶室「黙雷庵」を営み、ここから神田明神下に移って茶室「蓮華庵」を、さらに宝暦八年（一七五八）には同所に「花月楼」を造立している。「花月楼」は、その名の示すように「七事式」を行なうための建物だったから、不白が「此七事ハ我家の七宝にこそ有けれ」（「不白翁句集拾遺」）と述べていることからも知られるように、江戸で茶の湯を教授しようとする不白にとっては重要な手だてだった。

この時期、江戸には諸藩の江戸屋敷が林立し、それに連なる商人・町人が群集して一大消費都市に成長していた。不白がこのような江戸に注目したのは当然のなりゆきだっただろう。江戸における不白の支持者は町人層を中心としていたであろうが、なかでも特徴的なのは大名家やその茶道役が見られる点である。

そのいくつかを挙げると、東北では盛岡藩茶道役の大田原永務が不白に入門していたし、萩藩主毛利重就《しげなり》は茶道役の竹田休和・河上宗悦らを不白のもとに派遣し、自らは周防三田尻の別邸内に不白好みの「花月楼」を建築、豊後竹田の岡藩では不白門下の石塚宗通を茶道役として召し抱えている。さらに久留米藩では川上宗什《そうじゅう》を茶道役としたほか、家老の有馬剰水《じょうすい》は邸内に不白好みの「即日庵」を営むし、藩士の稲次縫殿が不白から皆伝を得ていた。このほかにも不白となんらかの関わりをもった人物として信州上田の松平忠順、水戸の徳川治保《はるもり》、岡山池田藩茶道役の佐々木半悦《はんえつ》、平戸藩の山本宗朴《そうぼく》らを挙げることができる。

「茶の湯センター」江戸

江戸時代に入ってからの利休の茶系のなかで、これだけ多くの武家関係者が関わりをもった茶匠は例をみないであろう。江戸には各地の大名が藩邸を構えていたから、一種の情報センターとしても機能しており、これを介して不白の茶が各地に伝えられた結果であったようだ（村井康彦『茶の湯紀行』）。さらに新たに創案された「七事式」によって大名茶道の支持者をも取り込むことができた結果だったのでもあろう。江戸に広まった茶の湯は宗匠たちによって定着し、さらに各地へ拡散していったのである。

ここでもう一人岡山へ新たに茶の湯を普及させた人物を取り上げておこう。速水宗達である。

速水宗達の岡山下向

速水宗達《はやみそうたつ》は京都の人、元文元年（一七三六）ごろ、医を業とする丹波氏の一員として生まれている。年少にして儒学を堀川古義堂に、茶の湯を裏千家の一燈宗室に学ぶことになる。一燈への入門は十七歳ころのことだろうと考えられている。医家としての関わりもあったのであろうか、聖護院の盈仁《えいにん》親王から「大日本茶博士」の称と「初瀬」の茶入を、一条忠香《ただか》から「養寿院」と「滌源《じょうげん》」の号を与えられたとされている。宗達は千家系統の茶匠としては例外的といってもよいほど茶書の著述が多い。刊行されたのは『喫茶指掌編』『茶旨略』『茶則』などではあるが、そのほか未刊の著作としては「茶理譚」など二二種に及んでいる。

このような宗達が岡山池田藩に出仕するのは、天明元年（一七八一）十一月のころである。池田藩七代藩主池田治政にお目見えして後楽園で御茶を賜っている。しばらく池田藩に仕えたようだが、まもなく藩を辞して帰京している。しかし茶の湯は岡山に根付いていったようだ。その後の速水家歴代も岡山に住することはなかったようだが、池田藩茶道役は京都の速水家に入門したうえで藩の茶道役として出仕するのが例となっていたようだ。

茶道役であった人見家の場合をみると、「天明元年七月二十六日出仕、池田家茶道役四代人見宗知、二十六俵二人扶持御数奇方、宗達から茶を学ぶ」とあり、五代宗古は「御茶道、上京して宗曄に学ぶ」とみえ、六代宗玄は「京師速水宗筧に師事」（神原邦男「速水宗達の研究」）とあるごとくである。江戸ばかりではなく京都でも、それまで以上に茶の湯の各地への拡大が起こっていたのである。

大名茶道の到達

江戸時代も後半にいたると、大名茶道の世界では前代とは異なった活動を行なう人物たちがあらわれる。一時期、茶道を構成するある部分だけを深化させる傾向があったのだが、かつての古田織部《おりべ》や小堀遠州《えんしゅう》・片桐石州《せきしゅう》などのように、点茶・茶室・茶道具などのすべてにわたって創意を発揮して、これが武家社会にある程度受け入れられる一般性を兼ね備えた人物たちがあらわれるのである。ここではそのような人物の何人かを取り上げて大名茶道の変化をみることにしよう。

柳沢堯山

柳沢堯山《ぎょうざん》（一七五三～一八一七）は大和郡山の四代藩主。藩祖は五代将軍徳川綱吉を補佐した柳沢吉保である。吉保は綱吉に仕えてわずか一六〇石の身から累進して、宝永二年（一七〇五）には甲斐・駿河で一五万石を与えられるまでになっている。政情の安定した江戸時代にあってこのような栄進を遂げた大名も珍しいだろう。吉保の子吉里の時代には甲府から大和郡山に転封となり、三代信鴻を経て四代藩主となったのが堯山であった。

堯山は宝暦三年（一七五三）の生まれ、幼名を久菊、長じて安信、のちに保光と称している。明和四年（一七六七）元服して造酒正《みきのかみ》、のち甲斐守に任じられている。茶道具や茶会記に「松平甲斐守」と記されているのはこの堯山をさしており、優美な姿の茶杓や洒落《しゃれ》た画賛は茶の湯の世界でも一定の評価がなされている。安永三年（一七七四）藩主となって以来、三八年の治世を経て文化八年（一八一一）には保泰に藩主を譲って隠居、堯山と号することになる。ここでは便宜上、堯山の号で統一しておく。

堯山の茶会記

堯山は藩主時代から、播州姫路藩主酒井宗雅《そうが》や讃岐高松藩主松平頼起《のりおき》、越後与板《よいた》藩主井伊直広《なおひろ》らと茶会を行なっていた（『酒井宗雅茶会記』）から、早くから茶の湯には興味をもっていたのだろう。ほかにも藩主同士の茶会とは違って仲間内での気楽な茶会を行なった折の手紙形式の記録も残されている（山岸二三子・山田哲也「柳沢堯山茶会記」）。一藩の藩主がプライベートな趣をもつ茶会を行なっていた記録が残される例はさほど多くないから、日常的な茶の湯の様子を知る格好の史料だといえるだろう。

ある月の四日に行なわれた茶会。掛物は牧谿《もっけい》が「踊り布袋《ほてい》」の絵を描いて虚堂智愚《きどうちぐ》が賛をしたもの。「名物也」と記していた。与次郎の阿弥陀堂釜、宗旦好みの一閑張炭斗《いっかんばりすみとり》、染付瓜香合が飾り付けられた茶室に入って懐石。後座は藤林丈甫《ふじばやしじょうほ》作の一重切竹花入に「にしき木」と「白玉」が入れられている。水指は伊部の菱形、茶入には裏千家七代竺叟好みの棗《なつめ》を使う。茶碗は二代目黒楽、茶杓は織部作であった。この茶会記の末尾には堯山の自筆で「これハおもしろく、道具もよろしく候、宗幽さま（片桐宗幽）御出のふし、御覧ニ御入可被成候《なさるべくそうろう》」と感想を書き入れている。

もう一会、堯山の茶会を見ておこう。「二十四日に、ちとかけをしてまけて不時の茶をいたし候」という書き出しではじまる茶会記。床には青海波蒔絵の薄板に舟の花入が置かれている。釣香炉が掛けられていたので泊舟の趣向にしたのであろうか。釜は与次郎の丸形、楽焼の焙烙《ほうろく》で炭を直して懐石。後座は釣香炉を残して一山一寧の墨蹟を軸飾りにしておいた。その他の道具は長次郎の黒楽水指、藤四郎の茶入、玉子手の茶碗、利休作の茶杓などである。

賭けをして負けて茶会をした、と記す大名も珍しい。その他の茶会記にも、ある茶会のできごととして炭を直す時に「ろたん（炉壇）へうち付てきす（疵）がついた」とか、濃茶の時に「茶ぐずぐずとしてたて、だんご三ツほとあり、道具のこらすかりもの、おかしくはらをかかへ候へく候」などと記しているから、ごく親しい人物に茶会の道具組と感想を書き送った様子を感じ取ることができる。

堯山の茶

堯山の茶会記をいくつか取り上げたのだが、一見して気づくのはわび茶の茶道具が多く使われていることだろう。利休・与次郎・長次郎・宗旦にゆかりの茶道具や一閑張、笠叟好みの棗などである。もちろん織部や遠州関係の茶道具も使われているが、大名の茶会でこれほどのわび茶の道具が使われることは珍しい。以前に片桐石州のなかにわび茶への傾斜が見られることを述べたが、堯山はもう一歩これを進めていたといってもよいだろう。

堯山の茶の湯資料

堯山の茶の湯関係資料はこれだけではない。大和郡山市の柳沢文庫所蔵資料を覗いてみよう。『数寄屋囲之図』と題された紹鷗・利休・織部・宗和らの茶室図や起絵図を収めた書、利休・遠州・石州らの竹花入や茶杓の図を記した書、織部の伝書である『茶之湯客亭主のあらまし』、「小堀遠州書捨文」（安永六年写）、『小堀遠州公今日之茶之湯物語亭主方あらまし』（享保元年写）、『石州台子習之事』『関公御持物之聞書』『高林庵様御自筆御案詞之写』『石州流箇条』（安永四年）などがある。さらに、堯山が作り出した好みの茶道具や、堯山設計になる「送月舎」「八窓庵」「双月庵」などの茶室や、その想を練ったと思われる茶室起絵図や平面図なども残されている。

これら全体がいつごろの段階で書写されたのか不明だが、『石州流箇条』が安永四年（一七七五）の年記をもっているから、藩主になった翌年にはこの伝書が記されていたことがわかる。この伝書は「薄茶手前の事」以下二七種に及ぶ点茶法名ならびに「台子の箇条」としてさらに五種の点茶法名が書かれ、「御このみにつき、あらましをしるし候、とかく茶の道と申すものハ、のびやかにゆうゆうと手まえひろく立候がよろしくと師も申されれ候」ともあり、どうも何者かに茶法を伝授した折に書かれたものではないかと推測される。

堯山の免許状

この推測を裏付けるように、堯山が発行した茶の湯の免許が残されている。近世大名が自ら記し、発給した茶の湯の免許状はほとんど知られていない。

真行走（草）十二段台子伝授之
義者　従古昔是を免と云　此
上ハ茶道懇望之者茂候ハ者可
有伝達候　出精之上　其令深不深
考　百ケ条二百ケ条迄も相伝可
有之候　猶執心之上　真之台子も
可伝存念ニ候ハ者　三百ケ条茂可
有相伝候者也

花押（堯山）

天明八年申十月廿日

龍起方丈専至和尚

（大和郡山市永慶寺蔵）

この免許状は、堯山が天明八年（一七八八）に、郡山城の一角にある黄檗宗龍華山永慶寺の四代住職専至道に与えたものである。「真、行、草、十二段台子伝授の義は古昔より是を免ずと云、此上ハ茶道懇望の者も候ハゝ伝達あるべく候、出精の上、其の深、不深を考えしめ百ケ条、二百ケ条迄も相伝これあるべく候、猶、執心之上、真之台子も伝うべき存念ニ候ハヽ三百ケ条も相伝あるべく候者也」とあり、台子十二段を伝授するとともに、他に対しても伝授を許すといった内容をもっている。専至道は文化二年（一八〇五）にも花入に関する伝書を伝授されているから、ともに堯山が藩主在任中に発給した伝書であった。

石州流堯山派の創出

こうみてくると、堯山は自ら茶会を行ない、好みの道具を作り出し、茶室を設計し、茶法を伝授して免許状を発行するといった幅広い活動を行なっていたことを知ることができる。堯山がこのような活動を行ないえたのは、石州流が当初から完全相伝制をとっていたからにほかならない。これまで堯山は茶道史のうえでは取り立てて目立った存在ではなかったが、江戸時代後半にいたって大名たちが新たな活動をはじめた、その証だと考えることもできるだろう。残念ながら堯山の茶の湯のうえでの活動はさほど広範囲なものではなかったようだが、茶の湯が遠州や石州らが行なったと同様の展開を見せはじめていたことは留意しておく必要があろう。

松平不昧

柳沢堯山の活動はそれまでの大名茶道の範疇を一歩踏み出しはじめていたのだが、ほぼ同時期、大幅にこれを推し進めていた大名がいる。出雲松江の七代藩主松平治郷《はるさと》（一七五一〜一八一八）である。堯山とはわずか二歳違いだから同世代の大名だといってもよい。松平治郷は不昧《ふまい》・宗納《そうのう》・未央庵《みおうあん》など多くの号をもっていたけ

図24　松平不昧（月照寺蔵）

れども、ここでは不昧の号で統一しておこう。不味の茶の湯のうえでの活動は多彩だ。

一つには姫路藩主酒井宗雅や丹後福知山藩主の朽木昌綱などの大名に茶の湯を教授していたこと。大名で家臣や関係者に茶法を伝授していた例はいくらかみられるものの、他藩にわたることは少なく、ましてや後まで伝流が続くのはまれであった。第二に数々の好み茶道具を作り出し、それが現代でも評価されるような質を持っていること。さらに数多くの茶室を創案し、これが後の世でも通用するような独創性を持っていたこと。最後に自ら茶器を収集し、これのみにとどまらず茶器研究を志して著作を完成し出版していたこと、などが挙げられる。かいつまんで述べただけでも、不昧は江戸時代後半における一つの到達点を示していただろうことがおわかりだろう。

茶の湯修業

不昧が茶の湯を学びはじめたのは、当時の大名がそうだったように、教養の一環だったただろう。幼時から諸学を学び、茶の湯は荒井一掌・正井道有・谷口民之丞らに就き、明和五年（一七六八）には幕府の茶道役で石州流伊佐派の伊佐幸琢から正式に学ぶことになる。この二年後には真台子の伝授を受けている。さらに同じ年には『贅言《むだごと》』を著して当時の茶道界を批判し、本道に戻るべきことを説き、茶の湯が「天下国家を治める助」となるべきものと述べていた。このような不昧の初茶会は安永四年（一七七五）三月、江戸藩邸で行なわれている。道具組は玉室宗珀の墨蹟、遠州の竹花入、瀬戸水指、南坊宗啓の茶杓などであった。この段階ではさほどの名物茶道具を使用していない。

この前後、諸藩は等しく財政難に苦しんでいた。慢性の財政危機である。松江藩も同様で父の宗衍は産業の振興や新田開発などの再建策を実施していたのだが、宝暦十一年（一七六一）には幕府から比叡山諸堂の修理を命じられたことで決定的な打撃を受け、ついには引退のやむなきにいたっている。これをうけて藩主となったのが不昧で、この年わずか十七歳であった。襲封《しゅうほう》後には家老朝日丹波の補佐をうけて財政改革を推し進め、その実を挙げることになる。

茶器収集

藩財政が好転するにしたがって、不昧は茶道具の購入を開始する。その道具帳『雲州蔵帳』によれば、安永年間（一七七二〜八一）には「円乗坊肩衝」(五〇〇両)や「本多井戸(喜左衛門井戸)」(五〇〇両)など大名物六点、中興名物八点、名物並四点、上の部にランクした六点など二四点を六〇〇〇両で購入している。

次の天明年間(一七八一〜八九)には宝物の部にランクした「油屋肩衝」(一五〇〇両)など二点、中興名物五点、名物並五点、上五点などを四〇〇〇両以上をかけて購入、さらに寛政年間(一七八九〜一八〇一)では宝物の「小倉色紙」(一〇〇〇両)など三点、大名物四点、中興名物二六点、名物並二三点、上八点など六四点を二万両以上を支払って購入している。ちなみに寛政十二年(一八〇〇)における藩の余剰金は約九万五〇〇〇両だったとされている(内藤正中『松平不昧』)。

隠居後も収集を続け、享和年間(一八〇一〜〇四)には一四点、六八〇〇両以上、文化年間(一八〇四〜一八)は五三点、約一万五〇〇〇両と総計一〇万以上を費やして宝物一五点を含む八三九点の茶器を収集している。

『古今名物類聚』の刊行

不昧は生涯をかけて茶器を収集したのだが、これをたんに茶会に使用しただけではなかった。寛政元年(一七八九)から同九年にかけて、陶斎尚古老人の名で、前後四回にわけて『古今名物類聚』(一八冊)を出版している。その目的とするところは、「世に存する所の名器、もし不思議の災にかかりて其《そ》の物烏有《うゆう》なるとも、千歳の後に名と物とのかたしろを残さんため也、(中略) 名物は天下古今の名物にて一人一家一世の名物ならねば、四方の数奇人等、力をともに給はむ事を希《ねがう》ことになむ」とするものであった。

『古今名物類聚』は、茶入をはじめ茶碗・茶杓・花入・茶箱・茶壺・水指・釜・硯・掛物・香炉・裂地《きれじ》など広範囲にわたる茶道具、約一〇〇〇点を収録している。「茶道具名」「所持者」、茶道具各部分の「寸法」、本体の「図」、仕服をはじめとして挽家《ひきや》、箱、書付けなどの「付属品」などについて詳細に記し、さらに実見したものには○印を付けていた。さきに述べた松平乗邑による『三冊名物集』(三冊物) とも共通する編纂法をとっていたのである。

『三冊名物集』と違っていたのは、収録茶器が多いばかりではなく器種別に整理され、「中興茶入之部」「大名物之部」「後窯国焼之部」「天目茶碗之部」「楽焼茶碗之部」など八部に分けて編集されており、一種のランクをつけたうえで刊行されている点にある。茶道具がはじめて比較・分類されたうえで公刊されたのである。このように体系的な分類がなされたことはかつてなかったことであるから、茶器研究の視点からは高く評価せねばならない。不昧は茶入のみをより詳しく分類した『瀬戸陶器濫觴《らんしょう》』をも著しているから、本格的な茶器研究を模索したはじめての人物だったともいえる。

しかし、ある種の不十分さは否めない。茶入を三五〇点余も収録しているのに対して、水指はわずかの八点、茶杓は四点の収録にすぎないし、その記載も他に比べると簡略なものであった。言い換えればこれだけの茶道具を分類しながらも、不昧の関心は茶入に集中していたといえる。しかし茶入の分類に力を注いだ、その点こそ、『古今名物類聚』の発刊とともに不昧の名を高からしめた大きな原因でもあった。茶入を中心とした茶道具、とくにそれまで名物に準じて扱われてきた「中興名物」に確固たる位置づけを行なうことこそ不昧のめざしたところだったのかもしれない。不昧の活動は、茶の湯の多くの部分に精通したがゆえの成果でもあった。それはとりもなおさず江戸時代後半における茶の湯の到達点を示していた。

近代茶道への道

幕末豪商の茶の湯

江戸時代の中葉、商品経済が本格化してくると、にわかに商人層が台頭してくる。彼ら商人の多くは商いに専念し、隠居した後にはじめて自らの趣味生活に没頭するのが常であった。しかしながら数代にわたり安定した家業を継続した、いわゆる大店《おおだな》では当主が早くから茶の湯を嗜《たしな》む場合が多かった。三井・鴻池・冬木などの豪商が代表的である。

江戸の豪商として知られる冬木家は材木商として財を築くが、その所持する伯庵茶碗は「冬木伯庵」の名で知られていたし、松平不昧収集の茶道具のなかにも、冬木家から譲られた「油屋肩衝《かたつき》」のように宝物にランクされる茶道具や、利休作竹一重切花入「園城寺」などの大名物二点、牧谿の「踊り布袋《ほてい》」、「伯庵茶碗」などの中興名物一八点など総計約五

○点が含まれていた。冬木家歴代の茶の湯に執心する姿を知ることができよう。ここではいく人かの豪商を取り上げてその茶の湯の様子を見ることにしよう。

草間直方

大坂の豪商鴻池家に連なる草間直方《くさまなおかた》は、京都烏丸綾小路の商人升屋《ますや》唯右衛門の子として宝暦三年（一七五三）に生まれている。はじめ鴻池家の京都店に奉公するが、その才を認められ安永三年（一七七四）には鴻池家の別家である草間家の養子となっている。さらに文化八年（一八一一）には独立して両替商を営むにいたっている。その間、熊本藩・南部藩の財政にも関与しているから、鴻池一族の一翼を担った活動を行なっていたのである。

しかし翌年には隠居して和楽と号し、貨幣史の研究に打ち込むことになる。そのきっか

図25　利休作の竹一重切花生（東京国立博物館蔵）

けは幕府から貨幣の変遷についての質問をうけながら、十分に答えることができなかったことによるという。以降、二〇年余の長きを費やして文政八年（一八二五）には金・銀・銅三貨通用の歴史や関連資料を集めた『三貨図彙』五〇巻を完成させている。

『茶器名物図彙』の著述

これと平行してもう一つの著作を完成させる。九五巻に及ぶ『茶器名物図彙』である。四十五、六歳の寛政末年（一八〇〇）ごろまでには編纂に着手したらしいが、そのきっかけは江戸の和学講談所にあった桑山宗仙宛の『山上宗二記《やまのうえそうじき》』を披見したことによる。直方は『山上宗二記』に収録された茶道具を大名物、小堀遠州によるものを中興名物と考え、これを網羅した書を完成させようしていた。しかしながら「七、八歩にして凡百巻に及べり」とあり「子孫、同志の者あらば加補訂正」を望むとしているから完成の域に達したとは考えていなかったようだ。

『茶器名物図彙』の構成

『茶器名物図彙』の構成は「茶人系譜」を冒頭に置き、掛物・手鑑（七〜二〇巻）、茶入の窯分け（二一巻）、茶壺（二二巻）、唐物茶入（二三〜二六巻）、古瀬戸・藤四郎などの和物茶入（二七〜四二巻）、天目・井戸・高麗物・国焼名物茶碗（四三〜五二巻）、水指・香合（五三〜五八巻）などを収め、さらに建水、蓋置、棗、香炉、花入、硯箱、盆石、釜、楽、茶箱（五九〜七八巻）と続く。

残りは参考文献である。全九五巻のうち七二巻が茶道具を占めており、なかでも茶入が二〇巻、茶碗が一〇巻になるが、とくに茶入は唐物（四巻）、古瀬戸（四巻）、二代藤四郎（二巻）、金華山（三巻）、破風（二巻）、春慶（一巻）、後窯（一巻）、織部・万右衛門（一巻）、国焼（二巻）に分けて編纂されており、茶入の分類に重きが置かれていたことが知られよう。

記載法も注目される。作品名・伝来・所蔵者・寸法・図・付属品などを逐一記しており、かつて松平乗邑が著した『三冊名物集』や松平不昧の『古今名物類聚』などとも共通する趣をみせていた。『茶器名物図彙』が収録していたのはこれだけではない。古今職人、茶器の値段などのみならず『利休百会記』『仙叟茶湯会附』などの茶会記、『滝本坊什宝記』『大徳寺什宝虫払之記』などをも収めていたのである。

さらに編纂の参考とした文献も数多い。きっかけとなった『山上宗二記』をはじめとして、『玩貨名物記』『東山殿御飾之記』『松屋久秀日記』『藤村庸軒日記』『坂本周斎日記』など多岐にわたっているし、「古今名物類聚ニ云」（二二巻）ともみられるように、「油屋肩衝」や「日野肩衝」などは松平不昧の著作をそのまま引用していた。しかしながら同一茶道具を収録しても寸法や付属品が変わっているものもあり、確認作業も怠りなかったようだ。

『茶器名物図彙』の編纂に際しては鴻池家に伝わる茶道具を見聞したのはもちろん、諸方を尋ね、諸書を博捜《はくそう》し、さらに加賀屋治左衛門・広島屋八郎兵衛ら茶道具商の協力をも仰いでいた。こうみてくれば草間直方による『茶器名物図彙』は、松平乗邑や松平不昧の仕事を凌駕した著作であったとすることができる。歴代の鴻池当主が茶の湯を嗜《たしな》み、名物茶道具を収集していたとはいえ、権威をもった大名と比べると茶器の披見は容易なものではなかったであろう。これを克服して幕末における町人の茶器研究が到達した地点を『茶器名物図彙』は示していたといえよう。

銭屋五兵衛

この時期における北陸の代表的な豪商の一人に銭屋五兵衛《ぜにやごへえ》がいる。茶の湯のみならず俳句・和歌にも親しんだ文化人であったことはよく知られている。また、隠居所に建てられた茶室「松帆舎」も現存している。天保三年（一八三二）には石燈籠《いしどうろう》や蹲踞《つくばい》を、翌年には梅軒門を購入しているから、このころには完成していたのであろう。

さて、銭屋の遠祖は越前朝倉氏。江戸時代のはじめに能美郡清水村に帰農して清水と名乗っている。数代の後に金沢宮腰に住して父の代には両替・醤油製造・海運業などを営んでいたという。五兵衛は寛政元年（一七八九）、十七歳で家業を継いで新たに呉服商を、ついで米の廻送をはじめる。

質流れの舟を入手してはじめた仕事だったのだが、時流にのって事業を拡大、最盛期には全国に支店を三〇ヵ所、持ち船も二〇〇隻を超え、資産は三〇〇万両に及んだ（鏑木勢岐『銭屋五兵衛の研究』）と推測されている。晩年に志した河北潟干拓に毒物投棄の疑いをかけられて投獄され、嘉永五年（一八五二）に八十歳で獄死している。

『年々留』

この五兵衛は隠居した文政九年（一八二六）の五十三歳ごろから二〇年にわたって『年々留《ねんねんどめ》』と題する記録を書き残していた。なかには加賀藩家老本多図書、人持組頭前田内匠、勝手付主方奥村内膳、宮越奉行神尾主膳など藩政を担う重要人物との交流が記されるから、銭屋は加賀藩と密接に結びつくなかで事業を拡大していったことが推測される。この『年々留』から五兵衛の茶の湯の様子をみてみよう。

『年々留』に茶道具の記載があらわれるのは文政十一年（一八二八）三月、五兵衛五十六歳の時。金沢の茶道具商木綿屋久右衛門、能登屋半兵衛、崎浦屋又右衛門から二十数種の茶道具を購入している。「瀬戸水指」（五〇目）、「半開南京向付」（一貫四三六匁）、「楽焼瓢箪徳利」（五匁）などである。時を経るにしたがって購入する茶道具の量質ともに向上し、出入りの道具商にも変化が見えてくる。

文政十二年後半になると京都や大坂の茶道具商から「斗々屋茶碗」(二貫目)、「織部香合」(金三〇両)、「青井戸茶碗」(金一〇〇両)、「少庵狂歌」(一貫二〇〇目)などを購入するようになっていた。天保七年(一八三六)には「千宗室老より西山名所棗被贈候」と記されるから裏千家十一代の玄々斎宗室から棗《なつめ》が贈られている。この前後から玄々斎と関係をもちはじめたのであろうか。

さらに玄々斎が長男喜太郎に贈った和歌には「清水荷汀雅主息女おちかの方は非類の孝子なりけるに、今年水無月末つかた早世をせられしこと是非なく手向に」とあり、続けて「ちかき世に希てふ孝を荷葉の　はなは汀のなみにつきせじ　宗室」とあり、五兵衛・喜太郎ともに茶の湯を学んでいたようだ。

『年々留』にはこの後、四〇〇種に及ぶ茶道具の購入が記されることになる。とくに「涼及井戸」は大切にした茶碗だったらしく「当国太主、相公御召ニて此茶碗ニて御茶召上、重キ御意有之候と申伝」えるものだから「とうそ是斗《こればかり》ハ持つたへ度候」と記している。五兵衛はさらに買い集めた茶道具の図を残していた。現在は軸装されたおよそ二〇幅が残されているが、中央部に折れ目が残るところからして、もとは冊子であったことが推測される。丁寧な書き方で側面・平面・底部まで詳細に書き記したものもみられるが、付属品の記載は少ない。五兵衛の茶道具に対する執心の度合いを感じさせる。

これらを含めて五兵衛は道具の購入年月・購入先・購入金額などを逐一書き留めていた。しかしながら「一品宛成《なり》とも望人聞合、売払候方可然《しかるべく》候」そうせねば「商人ノ道を失ひ申基《もうすもと》ニ御座候」とも記しているところからすると、購入した茶道具はいつかは売却すべきものと考えていたようだ。五兵衛にとって茶道具とは有益な資産の一部だったのである。『年々留』は天保十二年（一八四一）以降、突然といってよいほど茶道具の購入を記さなくなっている。その理由は判然としない。おそらく茶道具以上に有益な投資の対象を見つけたのではなかろうか。もしそうであるならば茶道具の収集に見切りをつけ、他に転換しうることこそ五兵衛の茶の特色だったのであろう。

竹川竹斎

竹川家は両替・醤油・酒などを商う伊勢射和《いざわ》の豪商で、江戸・京都・大坂などに支店を開設するなど大いに繁栄した家であった。その七代が竹斎（一八〇九〜八二）である。十二歳から江戸店で五年半修業して射和に帰り、さらに大坂店で二年を過ごして文政十二年（一八二九）には家督を継いでいる。竹斎は家業の傍らさまざまな活動を行なっている。灌漑用水確保のために新池構築、図書館施設としての射和文庫の創設、万古焼《ばんこやき》の再興、製茶事業の開始などである。

このような竹斎は茶の湯にも興味を示していた。竹川家をはじめとして国分・西村・中井・服部・乾・井上・永岡家など近郊の豪商たち十数名が射和で「益友社」を結成し、茶会を楽しんでいる。その中心となって活動をしていたのだ。

天保十一年（一八四〇）には大坂支店への帰路、京都裏千家の玄々斎宗室を訪れて茶道を学ぶし、これがきっかけとなったのか翌年には玄々斎が竹斎邸を訪れて益友社中に茶の湯を伝授している。嘉永五年（一八五二）には竹斎が裏千家を訪れ、その代表的な茶室である「今日庵《こんにちあん》」で玄々斎とともに茶事を行なうまでになっていたのである。

その後の茶の湯へ

幕末の豪商をいく人か取り上げて、その茶の湯の様子を通観してみた。そこには広い地域に茶の湯が根づいていたばかりではなく、茶器研究にいたる人物、茶道具を有効な投資の対象と考える人物、教養・趣味として茶の湯を捉えていた人物などさまざまな姿が浮かびあがってくる。彼らの姿はその後の時代にも共通するものでもあった。近代の茶の湯の一端はこれらの人物たちによって準備されていたのだ。

井伊直弼と玄々斎宗室

幕末の代表的な茶人を挙げるとすれば、彦根藩十三代藩主井伊直弼《なおすけ》と裏千家十一代家元玄々斎宗室《げんげんさいそうしつ》だろう。直弼は彦根三五万石の藩主として、さらに大老として国政をリードしながらも茶の湯を「一期一会」「余情残心」の語に集約させた『茶湯一会集』を完成させているし、玄々斎は利休以来の京都の茶亭を守るのみならず貴族や大名家をも門下に擁し、地域や身分を超えて茶の湯を展開していったからだ。二人は大名と茶匠という立場を超えて近代における茶の湯の基を作り出したといえよう。

井伊直弼

井伊直弼は、文化十二年（一八一五）、彦根藩十一代藩主直中の十四男として生まれている。幼時から大名家の一員としての素養を身につけるべく、弓・馬・剣術のほかに茶の湯・和歌・禅に力を注いでいる。天保二年（一八三一）、十七歳の直弼は生まれ育った槻《けやき》御殿から出て「埋木舎《うもれぎのや》」と名付けた屋敷に移ることになる。父の直中が没して長兄が藩主となったからだ。いずれ他家の養子となるまでの仮住まいだったのである。この屋敷で埋もれ木になぞらえた生活を一五年の長きにわたっておくるのである。

埋木舎

埋木舎では朝六時ごろには起床、夜の一時〜二時ごろまで禅・国学・和歌・剣術を欠かさず、茶の湯は小部屋を改装して「澍露軒《じゅろけん》」と名付けた茶室を造って研鑽を怠らなかったようだ。さらに屋敷の裏手には窯を築き、「瓢《ふくべ》形《かた》茶入」や「わら屋香合」「楽焼橘形向付」（彦根城博物館蔵）などを造っている。ここでは茶の湯の著作をものしていた。『入門記』『閑夜茶話』などである。とくに『入門記』は石州流のなかで新たな一派の樹立を宣言した書でもあった。後の直弼の茶の湯を知るうえで貴重な一書だ。

ところが弘化三年（一八四六）、藩主を継ぐ予定であった直元（直中《なおなか》十一男）が没したため、井伊家にただ一人残った直弼が藩主の後継者としての生活に入ることになる。埋木舎を出て江戸で藩主見習いとなり、嘉永三年（一八五〇）には十三代藩主となったのである。

翌年、藩主としてはじめて彦根に入り十月二日には茶会を行なっている。二〇〇会に及ばんとする茶会のはじまりである。

直弼の茶会記

直弼は幕末の大名茶人として有名だ。しかし、それは「一期一会」「余情残心」の語に象徴されるように、茶の湯の理念を端的にあらわした『茶湯一会集』の著述に負うところが大きい。直弼が『茶湯一会集』の著述のみに終わっていたならば大いなる思索家だったといえるだろうが、それのみならず数多くの茶会を行ない、その客となっていたから、まさに実践をともなったまれな人物だったといえる。

図26　井　伊　直　弼
（清涼寺蔵，彦根城博物館提供）

さて、直弼の茶会は、現在知られているだけでも約一六〇会に及ぶ。多くが家臣や家族らと行なわれた茶会である。そのうち自らが亭主となったのが四五会、客となった会が一一一会になる。整理されていない茶会記もあるから、今後さらに茶会の数は増えるだろうと推測される。これらの大部分が藩主就任の翌年にあたる嘉永四年（一八五一）から桜田門外の変で倒れる万延元年（一八六〇）までのおよそ一〇年の間に行なわれており、しかもその多くが安政三〜五年という藩主・大老として藩政・国政に関与したもっとも多忙な時期に行なわれていたことを考えれば、生半可《なまはんか》な数ではない。

直弼の茶会記は、『彦根水屋帳』『東都水屋帳』『懐石附』『順会水屋帳』『毎会水屋帳』『安政六年水屋帳』（いずれも彦根城博物館蔵）など、大部分が自身の筆によって清書され収録されている。三卿の一つ田安家での茶会や伊予松山久松家などの大名家での茶会にも出席している。直弼自身が亭主となった会ではいくども修正を加えて道具組を練り上げ、最終的に実施された茶会の記録を性格別に茶会記に収録していたのである。これらの茶会記のうち『毎会水屋帳』を取り上げてその一会をみてみよう。

『毎会水屋帳』　初会は安政四年（一八五七）十一月一日に行なわれている。亭主は直弼。客は井伊家家臣の椋原宗収・三浦宗味・柏原宗量・宇津木宗洗・宇津木宗志ら五名。初座の床には兀庵普寧《ごつたんふねい》の「教外別伝」一行、芦屋釜と石州好み四方棚には祥瑞の蜜柑香合と七官青磁の水指が置かれている。炭を直し、懐石があって菓子。後座は宗旦作瓢箪花入に白玉椿、古信楽茶入、風早中納言茶杓（石州筒）、堅手鉢の手茶碗で濃茶、薄茶は石州好みの朱雪吹、仁清かけ合茶碗と楽の井戸型茶碗であった。禅語を中心として石州や宗旦にかかわる茶道具が使われていた。客はすべて直弼から茶名を与えられており、この後の二三会はほぼ同じメンバーが持ち廻りで会を行なっているから、直弼と一定の技量を持った人物たちの茶会であったことがわかる。

その他の茶会記や記録を総合すると、直弼は茶会を行なう傍ら、茶書を読破して好みの茶道具を作り出し、自らの家臣たちに茶の湯を伝授しながら茶名を与えていた。それだけではなく『茶湯一会集』など多くの茶書の著作を完成していたのである。

直弼の茶道具

井伊家には、歴代藩主が将軍家から拝領したり購入した茶道具が保存されている。とくに井伊直政が徳川家康から拝領した大名物茶入「宮王肩衝」は有名だ。欅《けやき》の頑丈な小箱に徳川綱吉から拝領した青磁の香炉とともに入れられている。早くから井伊家に伝来して外部に出たこともなかっただけに、何重もの箱に入れられるということもなく、思いのほか質素な保存法だといえる。このほかにも小堀遠州の添状のついた茶壺などが残されており、大名家の茶道具の一端を推測できる。

実のところ、井伊家に残る数多くの茶道具を収集したのは、井伊直弼であったようだ。歴代藩主はそれぞれの個性的な趣味を持っていたのだが、十二代の直亮《なおあき》は「能」に傾注して多くの能装束や能面を集め、さらに楽器のコレクションでも著名であったらしい。さらに茶の湯にも興味を示していたが能には及ばなかったようだ。

直弼の茶会記や井伊家の道具帳をみると、その基準は名物茶道具を集めるというものではなかったようだ。さきに取り上げた松平不昧《ふまい》は一〇万両以上を費やして名物茶道具を購入したのだが、直弼にはその痕跡はない。大部分が片桐石州や千利休とその後継者たちにゆかりを持つ茶道具であった。その力をもってすれば名物茶道具を入手できたはずである。別の価値基準があったのだろう。直弼の基準とは遠州ほど華美ではなく、宗旦ほど徹底して「わび」てはいない茶道具だったのではなかろうか。

直弼の茶道具で注目されるのは自作や好み物がみられる点だ。茶会記にみられる直弼の掛物や茶杓はかなりの数にのぼる。その他にも数物ともいえる茶道具もみられる。「漣《さざなみ》風炉《ふろ》」や「月次茶器（十二月棗《なつめ》）」、清水六兵衛に造らせた「鶴亀画茶碗」などである。残念ながら漣風炉や月次茶器は一セットしか残らないが、「鶴亀画茶碗」は、『東都水屋帳』には「此方好鶴亀画清六作」とみえ一〇碗以上が焼かれていたことが知られる。

こうみてくると直弼はありきたりの趣味や素養で茶の湯に関わっていたのではなかったようだ。不昧のように目立った行動はしなかったけれども、内実はそれまでの茶人の活動

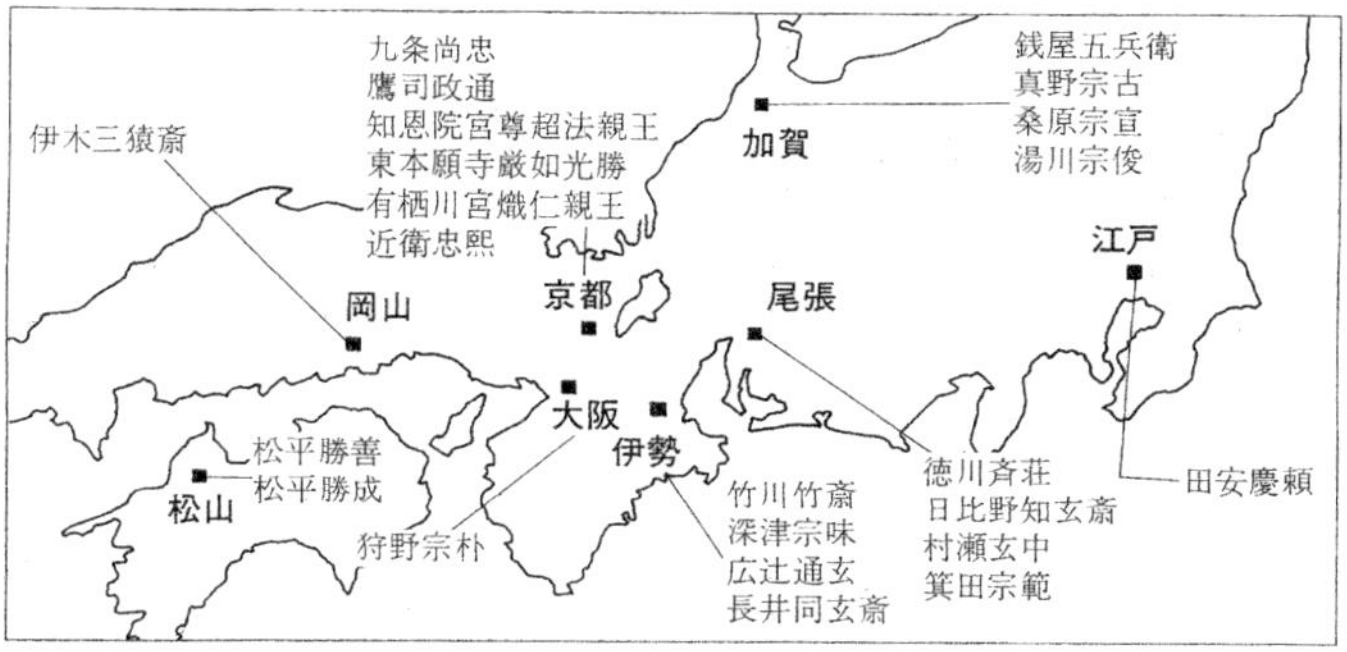

図27　玄々斎の主要門下分布図

をはるかに超えており、すでに近代茶道への扉を押し開いていたといえよう。

玄々斎宗室

裏千家十一代家元玄々斎宗室は、徳川将軍家に連なる三河奥殿藩主松平家に生まれている。文政二年（一八一九）裏千家に入り十一代を継承する。裏千家当主としての最初の大きな仕事は、天保十年（一八三九）九月八日から翌年二月二十八日まで行なわれた利休二百五十回忌法要と追悼茶会であった。この茶会はかつてみられない規模で行なわれている。

法要と茶会のために裏千家の大改造を行なって内大臣近衛忠熙を招いた会を皮切りに、八十余会にわたる追悼茶事が行なわれたのである。『御香典録』には有《あり》栖川宮《すがわのみや》などの各宮家、近衛・九条・鷹司家などの五摂家のみならず田安・久松家などの大名家までがみられるから、きわめて盛大に行なわれたといえるだろう。

各地での伝授

利休二百五十回忌を終えた玄々斎はすぐさま江戸へ下向している。尾張藩主徳川斉荘《なりたか》に茶の湯を伝授するためである。約半年にわたった滞在の末、尾張徳川家から新知二〇〇石のほかにもさまざまな拝領物があり、京都に帰っている。翌天保十二年には息つく間もなく伊勢の竹川家を訪れている。竹川家は伊勢における中心的な存在であったことはすでに述べた。

さらに天保十四年には、江戸に下って主家の松山藩主松平勝善に茶法を伝授、弘化年間（一八四四〜四八）にはいくども松山に赴いている。さらに嘉永年間（一八四八〜五四）には江戸で松平家の茶事を準備している。とくに嘉永五年（一八五二）十一月には松平家下屋敷の茶室「楽玩亭」で、井伊直弼や若狭小浜藩主酒井忠義、幕府茶道の谷村可順らを招いた会の実務にあたっており、幕末を代表する二人の出会いとして注目される。

安政年間（一八五四〜六〇）には三卿の一つ田安家の依頼によって京都で茶室を造り、これを分解して海路江戸横網町の田安家に運んで組み立て、完成なった「富貴軒」で井伊直弼、若狭小浜の酒井修理太夫らを客とした茶会を行なっている。まさに東奔西走の毎日だったのである。

玄々斎の活動は明治維新をむかえても、さほど変化はない。明治七年には蜂須賀家に仕えた古屋宗仲の招請によって阿波徳島に出向いているし、帰洛直後には金沢にも出向いている。時代が大きく変わっても東奔西走の毎日は変わらなかった。

禁中献茶

玄々斎は天保十年の利休二百五十回忌以来、知恩院宮・近衛家・九条家・一条家・東本願寺門跡などの御成《おなり》を得ていたし、徳川将軍家を支える三卿の一つ田安家をはじめとする諸大名家とも密接な関係を築きあげていた。玄々斎の公武にわたる活動は、禁中献茶として結実する。すでにそれ以前、千利休をはじめとして宗旦による後水尾《ごみずのお》院らへの献茶などが続けられていたのだが、しばらく中断しており、玄々斎はこれを復興させようとしていたのだ。

慶応元年（一八六五）八朔（八月一日）、玄々斎は第一二一代孝明天皇に献茶を果たす。このときの歓びを「禁裏へ竜之影濃茶及び高砂松ケ枝茶匙献上之辰、喜び謹で慶す」として五言絶句をあらわして献茶再興を記し、翌年正月には無事献茶を果たした喜びを同門に分かっている（「禁裏御所拝領物之披露当正月十日献上御茶之残点進之記」）。

玄々斎の茶が示すもの

玄々斎の活動の一端を見ただけでも、幅広い交流には目を見張るものがある。加賀の銭屋五兵衛、伊勢の竹川竹斎などの豪商、田安家の出で尾張徳川家を継いだ知止斎徳川斉荘、備前池田家の家老三猿斎伊木忠澄などの大名家、さらに有栖川宮、知恩院宮、東本願寺門跡の宮家・門跡や、近衛・九条・一条・鷹司などの摂関家など各層にわたっている。

これまで京都を中心として活動を行ない出仕先を限定してきた方針を、玄々斎は大きく変更したのであった。玄々斎の茶の湯は、地域や階層を大きく超えた広まりを持つことになったのだ。玄々斎の茶は、それまでのあり方をはるかに超えた、近代における茶の湯の様相を示していたといえよう。

参考文献

〔茶の湯前史・全般にわたるもの〕

林屋辰三郎『図録茶道史』（淡交社、一九八〇年）。

村井康彦『茶の文化史』（岩波新書、一九七九年）、『茶の湯人物志』（角川選書、一九八〇年）、『茶の湯―生いたちとこころ』（朝日カルチャーブックス一〇、一九八二年）、『茶の湯風土記』（平凡社、一九八六年、『茶の湯紀行』河出書房新社、一九九二年）、『花と茶の世界』（三一書房、一九九〇年）など。

西山松之助『家元の研究』（『西山松之助著作集』第一巻、吉川弘文館、一九八二年）。

熊倉功夫『近代茶道史の研究』（NHK出版、一九八〇年）、『昔の茶の湯　今の茶の湯』（淡交社、一九八五年）、『茶の湯の歴史―千利休まで』（朝日選書四〇四、朝日新聞社、一九九〇年）など。

「茶道の歴史」（『茶道学大系』第二巻、淡交社、一九九九年）。

中村修也「栄西以前の茶」（『茶道学大系』第二巻、淡交社、一九九九年）。

岡内三真「新安沈船出土の木簡」（『東アジアの考古と歴史』上巻、同朋舎、一九八七年）。

『陶磁器の文化史』（国立歴史民俗博物館、一九九八年）。

戸田勝久『武野紹鷗研究』（中央公論美術出版、一九六九年）。

〔織田信長から千利休へ〕

「天王寺屋会記」「松屋会記」「宗湛日記」（『茶道古典全集』所収、淡交社、一九五六年）。

竹本千鶴「織田政権における茶湯の場」（『日本歴史』六一五号、吉川弘文館）。

『兼見卿記』（『史料纂集』続群書類従完成会、一九七一年）。

小松茂美『増補版　利休の手紙』小学館、一九九六年）。

村井康彦『千利休改装版』（ＮＨＫブックス二八一、一九七七年）。

米原正義『天下一宗匠　千利休』（淡交社、一九九三年）。

矢部良明『千利休の創意』（角川書店、一九九五年）。

茶の湯懇話会『山上宗二記研究』（全三巻、三徳庵、一九九三年）。

〔江戸時代の茶の湯〕

上田宗嗣『上田宗箇の茶』（講談社、一九九九年）。

矢部良明『古田織部―桃山文化を演出する』（角川書店、一九九九年）。

佐藤豊三「将軍家の御成について」（『金鯱叢書』六号、徳川黎明会）。

『隔蓂記』（鹿苑寺、一九五八年）。

村井康彦『利休とその一族』（平凡社、一九八七年）。

松澤克行「茶湯聞塵」（『茶の湯文化学』第一号、茶の湯文化学会、一九九四年）、「江戸時代の公家の茶の湯―茶会の性格、侘び茶の受容」（『茶道学大系』第二巻、淡交社、一九九九年）。

谷　晃『金森宗和茶書』（思文閣出版、一九九七年）
河原正彦「御室仁清窯の基礎的研究」（『東洋陶磁』四号、一九七七年）。
『小堀遠州茶会記集成』（主婦の友社、一九九六年）。
熊倉功夫『小堀遠州の茶友たち』（大絖出版、一九八七年）。
「槐記」（『茶道古典全集』所収、淡交社、一九六二年）。
竹貫元勝『新日本禅宗史』（禅文化研究所、一九九九年）。

〔茶の湯の展開〕

『元伯宗旦文書』（茶と美舎、一九七一年）。

野村瑞典『石州流　歴史と系譜』（光村推古書院、一九八四年）。

『江岑宗左茶書』（主婦の友社、一九九八年）。

『仙叟宗室の遺芳』（今日庵、一九九六年）。

樋口家編『庸軒の茶　茶書茶会記』（河原書店、一九九八年）。

谷端昭夫「杉木普斎とその伝書」（『茶道文化研究』第二輯、今日庵文庫、一九八〇年）。

『山田宗徧全集』（全三巻、山田宗徧全集頒布会、一九五八年）。

山田宗徧『宗徧の茶』（学習研究社、一九八五年）。

谷端昭夫「藪内竹心と茶道霧の海」（研究と資料『茶の湯』一三号、一九七七年）。

「後西院御茶之湯記」（『茶の湯と掛物III　宸翰』展図録、茶道資料館、一九八三年）。

『茶道古美術蔵帳集成』（国書刊行会、一九七七年）。

土浦市立博物館「土屋家の茶の湯」展図録（一九九二年）、「土屋家の風雅」展図録（一九九八年）。

横田八重美「吉貴公大磯数寄屋披之記御茶進上記」（『茶道聚錦』五巻、小学館、一九八五年）。

『三冊名物集』（秋豊園、一九三四年）、木塚久仁子「名物記三冊物―その構造と成立過程」（『茶道学大系』一〇巻、淡交社、二〇〇一年）。

〔茶の湯の到達〕

『一燈宗室居士』（今日庵、一九七〇年）

『不白筆記』（江戸千家茶の湯研究室、一九七九年）。

川上閑雪『川上不白』（江戸千家不白会、一九六九年）。

戸田勝久「毛利重就と花月楼」（『茶の湯文化学』六号、一九九九年）。

神原邦男『速水宗達の研究』（吉備人出版、一九九八年）。

山岸二三子「柳沢堯山資料」（研究と資料『茶の湯』一八号、一九八二年）、山田哲也「柳沢堯山茶会記」（『茶道聚錦』五巻、小学館、一九八五年）。

粟田添星『酒井宗雅茶会記』（村松書館、一九七五年）、『茶人酒井宗雅』（同顕彰会、一九七二年）。

『古今名物類聚』（『日本古典全集』所収、同刊行会、一九三八年）、『瀬戸陶器濫觴』（『茶道全集』一五巻、創元社、一九三七年）。

『雲州蔵帳集成』（田部美術館、一九八三年）。

内藤正中・島田成矩『松平不昧』(山陰文化シリーズ二二、今井書店、一九六六年)。

〔近代茶道への道〕

『茶器名物図彙』(文彩社、一九七六年)。

若林喜三郎『年々留』(法政大学出版局、一九八四年)、『新版銭屋五兵衛』(北国出版、一九八二年)。

『竹川竹斎』(竹川竹斎翁百年祭実行委員会、一九八一年)。

『大日本維新史料　井伊家史料』巻一(東京大学出版会、一九五九年)。

河原正彦編『井伊家の茶道具』(平凡社、一九八五年)。

井伊裕子「井伊宗観の茶道」(研究と資料『茶の湯』二三号、一九九四年)。

谷端昭夫「井伊直弼茶会記」(『茶の湯文化学』三号、一九九六年)。

『玄々斎精中宗室居士』(今日庵、一九七六年)。

武田幸男『松山藩と裏千家茶道―茶道覚書』(えひめブックス、一九九四年)。

あとがき

冒頭にもふれたように本書の課題は江戸時代の茶の湯を通観することにある。一読してお分かりのように、江戸時代の茶の湯は思いのほか多様である。さまざまな人物が自らの創意でさまざまな活動を展開している。

前代からの茶の湯を継承する茶匠たちばかりではなく、まったく新たな視点での茶の湯を模索する人物、茶道具の収集と整理に熱意を注ぐ人物などである。これらの人物を茶人として一括することは、かなり難しい。

もともと茶の湯とは多様性をもっているといってもよいだろう。とくに江戸時代には茶の湯を構成するとある部分のみを深化する、いま風にいえば細分化し専門化に努める人物があらわれ、これを推進した。そのことが茶の湯の幅をより広げ、内容を豊かなものにしてきた面は否めない。

しかしながら人間性を豊かにすることが茶の湯の持つ意味の一つだとしたら、専門化・細分化することがいい結果を生み出すか否かはいささか疑問だ。もう少し検証せねばなるまい。

翻って、ここしばらくの茶道文化に関する研究の進展はめざましい。茶の湯を民俗学・考古学などの手法で解明しようとする方法、さらに絵画資料を駆使しての研究などはそれまで見られなかった方向だ。また中世茶道に関しても研究の展開は著しい。おそらくこれまでの茶の湯研究における狭小さの反省に立っているのだろう。

その意味で先に公刊された熊倉功夫氏の『茶の湯の歴史――千利休まで』（朝日選書四〇四、一九九〇年）は参考になる。新知見を提示するのみならず、茶の湯の歴史を歴史学の枠を超えた視点から語ろうとしているからだ。

同書がたまたま天正期で筆を擱かれているので、時代を引き継ぐ形で執筆させていただいた。視点も問題意識もかなり違っているが、かえってその違いを知っていただければ幸いである。

本書の執筆に際しては小著『近世茶道史』（淡交社、一九八八年）を基に大幅な加筆・改訂を行なった。その後に発見された新たな事実や研究成果を反映させた書を、と考えたからにほかならない。そのため多くの研究を参照させていただいた。その都度、ご研究を本文中に明記させていただくように努めたが遺漏があるやもしれない。お詫びとお礼を申し上げたい。

なお本文中に多くの図版を掲載させていただいたが、こころよく掲載のご許可をいただいた方々に感謝するとともに、刊行に際してご尽力いただいた吉川弘文館の大岩由明氏、宮崎晴子氏にお礼申し上げる。

一九九九年八月

谷端昭夫

著者紹介

一九四八年、京都府に生まれる
一九七八年、大谷大学大学院文学研究科博士課程修了
現在、裏千家学園講師、文学博士

主要編著書
公家茶道の研究　近世茶道史　チャート茶道史　井伊家の茶道具〈共著〉　京都の歴史と文化〈共著〉　茶道の歴史（茶道学体系2）〈編著〉

歴史文化ライブラリー
82

茶の湯の文化史
近世の茶人たち

一九九九年（平成十一）十二月一日　第一刷発行
二〇〇五年（平成十七）九月二十日　第二刷発行

著者　谷《たに》端《はた》昭《あき》夫《お》
発行者　林　英男
発行所　株式会社 吉川弘文館
東京都文京区本郷七丁目二番八号
郵便番号一一三―〇〇三三
電話〇三―三八一三―九一五一〈代表〉
振替口座〇〇一〇〇―五―二四四
http://www.yoshikawa-k.co.jp/

印刷＝株式会社 平文社
製本＝ナショナル製本協同組合
装幀＝山崎　登

歴史文化ライブラリー

1996.10

刊行のことば

現今の日本および国際社会は、さまざまな面で大変動の時代を迎えておりますが、近づきつつある二十一世紀は人類史の到達点として、物質的な繁栄のみならず文化や自然・社会環境を謳歌できる平和な社会でなければなりません。しかしながら高度成長・技術革新にともなう急激な変貌は「自己本位な刹那主義」の風潮を生みだし、先人が築いてきた歴史や文化に学ぶ余裕もなく、いまだ明るい人類の将来が展望できていないようにも見えます。このような状況を踏まえ、よりよい二十一世紀社会を築くために、人類誕生から現在に至る「人類の遺産・教訓」としてのあらゆる分野の歴史と文化を「歴史文化ライブラリー」として刊行することといたしました。

小社は、安政四年(一八五七)の創業以来、一貫して歴史学を中心とした専門出版社として書籍を刊行しつづけてまいりました。その経験を生かし、学問成果にもとづいた本叢書を刊行し社会的要請に応えて行きたいと考えております。

現代は、マスメディアが発達した高度情報化社会といわれますが、私どもはあくまでも活字を主体とした出版こそ、ものの本質を考える基礎と信じ、本叢書をとおして社会に訴えてまいりたいと思います。これから生まれでる一冊一冊が、それぞれの読者を知的冒険の旅へと誘い、希望に満ちた人類の未来を構築する糧となれば幸いです。

吉川弘文館

〈オンデマンド版〉
茶の湯の文化史
近世の茶人たち

歴史文化ライブラリー
82

2017年（平成29）10月1日　発行

著　者　谷《たに》端《はた》昭《あき》夫《お》
発行者　吉川道郎
発行所　株式会社　吉川弘文館
〒113-0033　東京都文京区本郷7丁目2番8号
TEL　03-3813-9151〈代表〉
URL　http://www.yoshikawa-k.co.jp/

印刷・製本　大日本印刷株式会社
装　幀　清水良洋・宮崎萌美

谷端昭夫（1948～）

ISBN978-4-642-75482-8